Das Original

TASTY

KOCHSCHULE

Das Original

TASTY
KOCHSCHULE

ALLE BASICS + 75 GENIAL
EINFACHE REZEPTE

südwest

INHALT

BEVOR ES LOSGEHT

Was bedeutet das: erwachsen werden? Erwachsen werden bedeutet, die Dinge selbst in die Hand zu nehmen, aber auch mal fünfe gerade sein zu lassen. Die Freiheit, die mit der Unabhängigkeit kommt, zu genießen und gleichzeitig zu verstehen, dass Handlungen Konsequenzen haben. Sich in üppigen Zeiten zu belohnen, in mageren Zeiten für sich zu sorgen, Kuchen zum Frühstück zu essen, einfach weil man's kann. Beim Erwachsenwerden geht es darum, Spaß zu haben, sich Gedanken zu machen, Verantwortung zu übernehmen, Fehler zu machen und sie zu korrigieren, Bedenken in den Wind zu schlagen, auf sich selbst zu achten und Vorbild zu sein.

Hast du gedacht, wir sprechen über das *Leben?* Nein, gemeint war dieses Buch. Wir sprechen nämlich über das *Erwachsenwerden in der Küche.*

Willkommen also zu diesem ultimativen Küchen-Guide für junge oder jung gebliebene Erwachsene! Vom Frühstück bis zum Abendessen und von der Single-Mahlzeit bis zur Gastgeberküche findest du in diesem Buch alles, was du brauchst, um köstlich, aufregend und eben verdammt erwachsen zu kochen.

Dieses Buch ist wie dein Lieblingslehrer in der Schule, der dir viel fürs Leben beigebracht, dich aber auch mal hat schwänzen lassen. Unsere Ratschläge zum cleveren Befüllen deines Vorratsschranks und zur Ausstattung deiner Küche sollen dich für alle Eventualitäten wappnen. Und unsere Rezepte lassen dich Gerichte auf den Tisch zaubern, die alles andere als langweilig sind und garantiert schwer beeindrucken. Du bist dabei nie allein: Mit Tipps und Tricks boosten wir dein kulinarisches Selbstvertrauen. Denn erwachsen werden heißt auch: loslassen, sich um sich selbst kümmern und … nun ja … erwachsen sein. In diesem Buch findest du so manche dafür notwendigen Ratschläge.

Der Umgang mit Rezepten

Der wichtigste Rat hier lautet: *Lies* das Rezept. Ganz im Ernst: Lies es dir von Anfang bis Ende durch. Und danach liest du es noch einmal. Auch den Einleitungstext solltest du nicht übergehen, denn darin finden sich weitere wichtige Infos. Nicht zu vergessen die Rubrik »Life Skill«: Sie zieht sich durchs gesamte Buch und birgt kochtechnische Tipps und Tricks, die dir auch beim nächsten und übernächsten Kochbuch noch gute Dienste leisten werden – versprochen!

Sieh nach, ob das Rezept Zeiten beinhaltet, in denen nichts zu tun ist, also etwa Back- oder Kühlzeiten. Stell dir jeden Zubereitungsschritt bildlich vor und überlege, ob irgendetwas unklar ist. Betrachte das Rezept als Stadtplan oder Wanderkarte: Wo willst du hin und wie gelangst du dorthin? Weißt du das nicht genau, hake an dieser Stelle nach. Manchmal muss man improvisieren, manchmal muss man sich aber auch erst einmal solides Grundwissen aneignen. Kochen heißt auch: lernen.

Als Nächstes suchst du die Zutaten zusammen und liest noch einmal nach, ob und wie sie vorbereitet werden sollen. Tu Letzteres jetzt, nicht später – im schlimmsten Fall brennt dir nachher beim Gemüseschneiden bereits das Fleisch an. Gib alles auf Teller, in Schalen oder auf Schneidbrettchen und stelle die Zutaten anschließend zu Gruppen je eines Zubereitungsschritts zusammen. Kommen die getrockneten Gewürze alle zur selben Zeit in den Topf? Falls nicht, haben sie auch nichts gemeinsam in einem Schälchen zu suchen. Werden die Zwiebeln in Butter angedünstet, reihen sie sich hinter der Butter auf, damit du alles in der richtigen Reihenfolge zur Hand hast. Hast du Zeit bis zum nächsten Zubereitungsschritt, weil beispielsweise etwas gekühlt werden muss, bereitest du die Zutaten dafür später vor. So stellst du sicher, dass sie stets frisch verwendet werden.

Diese ausgesprochen erwachsene Art zu kochen nennt man *mise en place*, französisch (auch ungeheuer erwachsen!) für »an seinen Platz gestellt«. Was zunächst überaus pingelig wirken mag, hat durchaus seinen Sinn, denn nur ein organisierter Koch ist ein entspannter und damit guter Koch.

Entspanntes Kochen

Jetzt kommen wir zu dem Teil, der *Spaß* macht. Wähl deine Lieblings-Playlist aus, dreh die Lautstärke auf, und los geht's!

Denk immer daran: Kochen ist kein Wettrennen. Entspann dich und arbeite konzentriert. Nimm dir für jeden einzelnen Schritt Zeit, auch wenn dir schon der Magen knurrt. Stelle sicher, dass das, was passieren soll, auch passiert. Wir geben in unseren Rezepten immer einen zeitlichen Rahmen an, erklären dir aber auch, woran du erkennst, dass alles so funktioniert, wie es soll. Dazu brauchst du vor allem eines: deine Sinne. Hörst du es brutzeln, wenn du die Hähnchenbrust in die Pfanne legst? Sehen die Kekse goldbraun aus? Beginnen die Gewürze zu duften? Ist die angebratene Paprikaschote knackig, zart oder knackig-zart?

Der wichtigste Sinn aber ist der Geschmackssinn, sonst würde dieses Buch nicht *Tasty* heißen. Also lautet das oberste Gebot: probieren, probieren, probieren! Das Geheimnis, das aus einem *Wuäh*-Gericht ein *Wow!*-Gericht macht, ist das Würzen. Eine kleine Schale mit Salz und eine Pfeffermühle sollten immer in deiner Reichweite stehen. Schmeck zwischendurch immer wieder ab und frag dich: Wie schmeckt das? Lautet die Antwort: gut, besteht eine hohe Wahrscheinlichkeit, dass es anderen auch schmecken würde.

Und schließlich weiß jeder Küchenprofi, dass nur ein sauberer Arbeitsplatz ein guter Arbeitsplatz ist. Spül die Schalen und Teller immer gleich ab, wenn du die jeweilige vorbereitete Zutat verwendet hast, wisch die Arbeitsplatte zwischendurch sauber, halte das Schneidbrett hin und wieder unter den Wasserhahn und lege Utensilien wie den Pfannenwender auf einer entsprechenden Ablage ab. Es gibt nichts Schöneres, als sich in dem Wissen zu Tisch zu setzen, dass die Hälfte des Abwaschs schon erledigt ist.

Wenn's mal schiefläuft

Kochen lernt man nur, wenn man kocht. Und wie jede andere Fähigkeit erfordert auch das Kochen Übung, Geduld und Beharrlichkeit. Also: Geh in die Küche und mach Fehler! Angebrannt, zu stark gesalzen, einen Zubereitungsschritt übersprungen, vergessen, den Ofen

vorzuheizen. Die meisten Fehler macht man nur einmal. Nur so lernst du, klüger und aufmerksamer zu kochen.

Es gibt Zeiten, da muss man improvisieren, und es gibt Zeiten, da nützt alles Improvisieren nichts, da muss man lernen. Läuft etwas aus dem Ruder, frage dich, wie du das Gericht retten könntest. Riecht es angebrannt? Dann nimm den Topf vom Herd und reduziere die Temperatur. War die Prise Salz eher eine kleine Handvoll? Versuche, mit Brühe oder Wasser gegenzusteuern. Raucht der Ofen? Dann öffne die Ofentür und ein Fenster, lass den Rauch abziehen und begutachte den Schaden.

Mit ein wenig Fantasie kannst du fast jedes Gericht retten – und unterschätze nie die Macht der Petersilie oder eines Spritzers Zitronensaft, kleinere Mängel zu übertünchen! Ist das Ergebnis nicht ganz so wie erwartet, mach dir deswegen keinen Stress. Serviere, was serviert werden kann. Im schlimmsten Fall fängst du einfach noch mal von vorn an, im allerschlimmsten Fall bestellst du eine Pizza. Hauptsache, du gibst nicht auf.

Der Aufbau des Buchs

Blättere das Buch Kapitel für Kapitel durch und lass deinen Magen entscheiden.

Mit »Pasta la Vista« gibt's einen Nudelabend, für den du keinen Glasöffner brauchst – denn die Tomatensauce ist selbst gemacht. »Suppenhelden« hilft dir dabei, das Gefrierfach mit lauter selbst zubereiteten Suppen zu füllen, die nur darauf warten, erwärmt zu werden. In »Da haben wir den Salat« findest du Salate, die gut für deine Vitamin- und Haushaltsgeldbilanz sind und bei denen die Kolleg*innen im Büro mittags Augen machen werden.

Fisch zuzubereiten ist ebenfalls sehr erwachsen, außerdem liefert er wertvolle Proteine. Du kannst aber auch Hühner-, Rind- und Schweinefleisch neue Aromen verleihen, die süchtig machen und dabei leicht herzustellen sind. Und mit den Rezepten im Kapitel »Grünzeug« können Vegetarier*innen den industriell verarbeiteten und zu Tode verpackten Fleischersatz ein für alle Mal vergessen.

Erwachsen werden heißt natürlich auch, so cool wie Mama zu sein, der der Spagat zwi-

schen gesund und nicht-so-gesund-aber-lecker gelingt, eben genauso wie in »Ein ausgewogenes Frühstück«. Das »Süße Finale« schließlich beeindruckt mit Desserts, die deutlich schwieriger aussehen, als sie tatsächlich sind. Und wenn Freunde zu Besuch kommen – der wahrscheinlich größte Vorteil des Erwachsenwerdens –, ist das mit »Wenn Gäste kommen« kulinarisch auch kein Problem.

In diesem Buch erfährst du, wie du Lieblingsessen aus deiner Kindheit erwachsen werden lassen kannst. Das geht morgens los mit den *Süßen Frühstückstaschen (siehe S. 24f.)* – früher gekauft, heute selbst gemacht. Das Kind in dir, das sich nach Gemüse mit Ranch-Dressing sehnt, wird von *Röstkarotten & -brokkoli mit Ranch-Joghurt (siehe S. 58)* begeistert sein. Für Tage, an denen du das sonntägliche Mittagessen von zu Hause vermisst, eignen sich die *Spaghetti mit Fleischbällchen wie bei Oma (siehe S. 74f.)* und *Das perfekte Brathähnchen (siehe S. 114f.)* am besten. Dunkle Erinnerungen an matschige Mikrowellen-Fischstäbchen lassen sich gut mit *Fisch & Zwiebelringen im Bierteig (siehe S. 94)* vertreiben. Und bei Freunden kannst du mit der *Fancy Käseplatte (siehe S. 170)* mächtig Eindruck schinden.

Am besten funktioniert dieses Buch, wenn du dir seine Rezepte voll und ganz zu eigen machst. Wer beiläufig erwähnt, er mache gern *Salat mit kurz gebratenem Thunfisch (siehe S. 102)* oder *Schoko-Dream-Cake ohne Mehl (siehe S. 154–157)*, steckt definitiv nicht mehr in den Kinderschuhen. Auf einer Party mit *Guacamole Glow up (siehe S. 175)* aufzutauchen oder die Liebsten zur *Cremigen Hühnersuppe mit Klößchen (siehe S. 122)* einzuladen ist ohne Zweifel unglaublich reif. Ein paar *Karottenkuchenmuffins (siehe S. 29)* aus dem Ofen oder eine *Hühnernudelsuppe (siehe S. 42)* vom Herd zu ziehen bringt dich fast in eine Liga mit deinem Lieblings-Fernsehkoch. Doch am schönsten ist es, sich ins Kochen zu stürzen, sich selbst etwas Tolles zuzubereiten und dabei herauszufinden, dass man es immer schon irgendwie draufhatte.

Dann, Freunde, hat dieses Buch sein Ziel erreicht.

KÜCHEN-AUSSTATTUNG

Preiswert & leicht zu handhaben

Beginnen wir mit den Basics. Informiere dich in Läden oder Zeitschriften, welche Geräte preiswert sind, aber trotzdem etwas taugen. Die folgenden sollten in jeder Küche vorhanden sein:

Aufbewahrungsbehälter Die brauchst du als Transportbox, um Reste aufzuheben und Suppen einzufrieren. Behälter aus Glas oder Silikon sind toll – umweltfreundlicher und obendrein preiswerter ist es allerdings, Behälter vom Lieferservice zu recyceln, sofern sie denn hierfür geeignet sind.

Dosenöffner Das klassische Modell funktioniert immer noch am besten.

Fischwender aus Edelstahl Er ist dünner und schmaler als der herkömmliche Pfannenwender und lässt sich deshalb ganz hervorragend unter empfindlichen Fisch schieben. Fleisch oder Pfannkuchen wenden kann man mit ihm aber natürlich auch.

Geschirrtücher Dekorative Geschirrtücher sind zweifellos sehr hübsch, doch solltest du dir zusätzlich ein paar robustere Modelle zulegen, die auch mal schmutzig werden dürfen und mit denen du im Notfall sogar einen heißen Topf anfassen kannst. Küchenpapier sollte der Umwelt zuliebe nur sparsam zum Einsatz kommen.

Holzlöffel Ein guter Holzlöffel sollte so handlich sein, dass du bequem mit ihm rühren kannst und so robust, dass sich damit auch etwas zerdrücken lässt.

Klarsichtfolie, Alufolie und Backpapier Die brauchst du zum Aufbewahren und zum Backen. Zum Aufbewahren von Lebensmitteln sind abwaschbare Bienenwachstücher natürlich die wesentlich ökologischere Alternative.

Küchenthermometer Um die Fleischtemperatur zu checken und zu prüfen, ob das Öl schon heiß genug zum Frittieren ist, kauft man am besten ein digitales Thermometer.

Malerkrepp und Filzstift Verlass dich nicht zu sehr auf dein Gedächtnis! Alles, was in den Kühlschrank oder ins Gefrierfach wandert, sollte sofort mit Inhalt und Datum (und in WGs auch mit den Initialen des Inhabers) beschriftet werden. Ein Streifen Malerkrepp als klebender Notizzettel hat sich hierfür als besonders geeignet erwiesen.

Messbecher Die meisten Messbecher eignen sich sowohl für feste als auch für flüssige Zutaten. Leg dir unbedingt auch einen kleinen Messerbecher zu, mit dem man Mengen wie z.B. 75 Milliliter abmessen kann.

Messlöffel Sie sollten vor ¼ Teelöffel bis zu 1 Esslöffel reichen. Natürlich kannst du statt der Messlöffel auch einfach Tee- und Esslöffel verwenden, bei kleineren Mengen misst man damit jedoch oft zu ungenau.

Nudelholz Ein robustes Nudelholz brauchst du, wenn du Teig ausrollen, Fleisch zart klopfen, Eis zerstoßen, Gewürze mahlen und Kekse zerbröseln willst. Am vielseitigsten ist ein Nudelholz aus Holz – eine leere Weinflasche ist in der Not allerdings kein schlechter Ersatz.

Ofenhandschuhe und Untersetzer Sie sind unabdingbar für heiße Töpfe und Pfannen.

Pfannenwender aus Silikon Er ist perfekt fürs Mischen, Unterheben, Vom-Pfannenrand-Kratzen und Portionieren.

Reibe Damit lässt sich fast alles (ab-)reiben, von der Zitrusfruchtschale über Käse, Ingwer und Knoblauch bis zur Muskatnuss.

Rührschüsseln Leg dir am besten gleich ein Set aus stapelbaren Schüsseln zu, das mindestens eine kleine, eine mittelgroße und eine große Schüssel umfasst. Am besten säubern lassen sich Schüsseln aus Edelstahl, an Plastik können Gerüche anhaften.

Schneebesen Die große, klassische Variante eignet sich zum (friedlichen) Schlagen und Rühren verschiedenster Zutaten.

Schneidbrett Wähle hier die Variante groß, robust und rutschfest. Wenn du es nach dem Gebrauch immer gleich abspülst, brauchst du vermutlich nur eines.

Schöpfkelle Damit kann man nicht nur Suppe schöpfen, sondern auch Teig in die Pfanne geben und Gerichte mit Sauce beträufeln.

Sieb Nimm am besten ein großes, um Nudeln abzugießen, Getreide zu waschen, Bohnen abzuspülen, Brühe durchzuseihen, Mehl zu sieben, etwas mit Puderzucker zu bestäuben, Gemüse zu dämpfen, Zitronenkerne aufzufangen … Die Verwendungsmöglichkeiten sind schier endlos.

Sparschäler Mit ihm kann man Äpfel schälen, Zucchini in feine Scheiben schneiden, Parmesan hobeln und Schokoladenspäne her-

stellen. Es gibt ihn mit quer und längs gelagerter Klinge – probier aus, womit du besser zurechtkommst.

Spinnensieb Dieses nützliche Gerät muss man sich wie einen Schaumlöffel vorstellen, aber feiner und mit Zwischenrippen im Drahtgeflecht, die an ein Spinnennetz erinnern. Es eignet sich hervorragend zum Herausheben von Frittiertem und Feinem wie z. B. Lorbeerblättern.

Zange aus Silikon Silikonzangen greifen besser als die aus Metall und zerkratzen zudem Beschichtungen nicht. Du brauchst sie zum Wenden von Fleisch, zum Testen, ob die Nudeln schon gar sind, und zu vielem mehr.

Kostet etwas Geld

Die im Folgenden aufgelisteten Utensilien sind ebenfalls sehr empfehlens-, aber leider nicht mehr ganz so preiswert. Wähle wenn möglich solche aus dem mittleren Preissegment aus, dann sprengst du weder dein Budget, noch musst du die Geräte alle paar Jahre ersetzen.

Backform aus Metall, ca. 23 x 33 cm In einer solchen Allzweckform kann Fleisch im Ofen gebraten, Lasagne gemacht, Kuchen gebacken und ein Auflauf zubereitet werden. Verkleinert wird sie ganz einfach durch eine improvisierte Trennwand aus Alufolie.

Beschichtete Pfanne Sie eignet sich gut für Rühreier, Pfannkuchen, Fisch und überhaupt alles, das nicht scharf angebraten werden soll. Manche Modelle sind sogar bis zu einem gewissen Grad ofenfest.

Große & kleine Töpfe Die brauchst du für so ziemlich alles, von A wie Aufwärmen bis Z wie Zwiebelnandünsten.

Gusseiserne Pfanne Sie ist gewissermaßen das Gegenstück zur beschichteten Pfanne und kommt immer dann zum Einsatz, wenn Fleisch oder Gemüse scharf angebraten und bzw. oder das Bratgut direkt in der Pfanne vom Herd in den Ofen wandert. Die Investition in eine gute, 30 Zentimeter große gusseiserne Pfanne (und sie zu pflegen, *siehe* Life Skill *unten*) ist quasi Schritt 1 beim Erwachsenwerden. Wenn du dafür bereit bist, dann bist du auch bereit für Pflanzen, ein Haustier und vielleicht sogar ein Baby und eine Hypothek.

Kochmesser Im Grunde ist das das einzige Messer, das du brauchst. Es muss nicht teuer sein, sollte dir aber gut in der Hand liegen, denn du wirst es oft benutzen. Ein stumpfes Messer erhöht die Gefahr von Verletzungen, investiere deshalb auch in einen Messerschleifer – oder finde heraus, wo man Messer schleifen lassen kann.

Mixer & Küchenmaschine Mittlerweile werden relativ preiswerte Geräte angeboten, die sowohl die Aufgaben eines Mixers als auch die einer Küchenmaschine übernehmen können. Sie sparen Geld und Platz.

Sägemesser Mit seinem sogenannten Wellenschliff ist es die perfekte Ergänzung zum Kochmesser; es eignet sich zum Schneiden von knusprigem Brot und weichen Tomaten.

LIFE SKILL

Wer eine gusseiserne Pfanne besitzt und möglichst lange etwas von ihr haben will, muss sie notwendigerweise pflegen. Nach dem Gebrauch wird sie zunächst mit reichlich warmem Wasser und einer weichen Pfannenbürste gereinigt. Ist etwas kleben geblieben, hilft eine Mischung aus Meersalz und einigen Tropfen Öl weiter, mit der man die noch schmutzige Stelle behandelt. Zu Seife solltest du nur im Notfall greifen, Scheuerschwämme sind tabu. Nach der Reinigung wird die Pfanne noch einmal bei hoher Temperatur erhitzt, damit sie vollständig trocknet. Hat sie sich etwas abgekühlt, wischst du sie mit etwas neutralem Pflanzenöl aus. In den Schrank kommt sie erst, wenn sie ganz abgekühlt ist.

Schälmesser Dieser Messertyp ist deutlich kleiner als ein Kochmesser und ideal für Aufgaben mit Fingerspitzengefühl, also beispielsweise für das Schälen von Gemüse und das Schneiden feiner Scheiben.

Schmortopf Darin bereitest du vor allem Eintöpfe und Schmorgerichte zu. Der Topf eignet sich aber auch zum Kochen von Nudeln, zum Frittieren und zum Brotbacken. Ein Fassungsvermögen von 4½ bis 5½ Liter ist ideal.

Tiefes Backblech Das Blech sollte rund 45 x 33 Zentimeter groß und etwa 2½ Zentimeter tief sein. Ein dickes, robustes Blech verteilt die Wärme gleichmäßiger und sorgt so für die perfekte Bräunung.

Zum Aufrüsten

Braucht man diese Utensilien? Sicher nicht, man kann sich auch anders behelfen. Letztlich sparen sie aber jede Menge Zeit.

Backform, 20 x 20 cm Die quadratische Form eignet sich wunderbar zum Backen von Brownies, man kann darin aber auch Tomaten im Ofen rösten oder eine kleinere Portion Enchiladas zubereiten. Im Grunde kommt sie immer dann zum Einsatz, wenn die 23-mal-33-Zentimeter-Form zu groß ist.

Brotbackform In einer solchen meist länglichen Form kann man nicht nur Brot backen, sondern auch Kuchen, Pasteten, kleine Lasagnen und Eis zubereiten.

Eisportionierer Ihn gibt es in verschiedenen Größen, und er eignet sich bei Weitem nicht nur zum Portionieren von Eis. Man kann damit auch Muffin-, Keks- oder Kuchenteig abstechen, und sogar Fleischbällchen lassen sich leichter mit ihm formen.

Elektrisches Handrührgerät Ein Schneebesen kann eigentlich all das, was ein elektrisches Handrührgerät kann; wenn du allerdings oft Eiweiß oder Sahne steif schlagen oder Teig rühren willst, solltest du deinem Bizeps auch mal eine Pause gönnen und in ein solches Gerät investieren.

Grillpfanne Etwas scharf anbraten kann man in einer gusseisernen Pfanne auch, die hübschen Grillstreifen bekommst du darin aber nicht hin.

Kuchenform Sie ist zum Backen von … nun ja … Kuchen gedacht. Es gibt sie in den verschiedensten Durchmessern und Größen, du wirst dir im Lauf der Zeit also wahrscheinlich mehrere von ihnen zulegen.

Muffinblech Es gibt einen Trick, auch ohne Muffinblech auszukommen (siehe S. 29). Wer aber gern Muffins oder Cupcakes isst, sollte sich unbedingt ein Muffinblech – oder mehrere – zulegen.

Springform Auch in ihr wird Kuchen gebacken, aber eben runder. Du brauchst die Form für Torten und Tartes. Der Rand wird mithilfe eines Scharniers arretiert. Nach dem Backen wird das Scharnier gelöst und der Rand einfach entfernt. Voilà!

Tiefe Pie-Backform Sie ist tatsächlich nur etwas für echte Pie-Fans, egal, ob die Pies nun süß oder herzhaft sind.

IM VORRATSSCHRANK

Die meisten der folgenden Zutaten sind relativ preiswert und halten sich im Vorrats- oder Kühlschrank sehr lange, weshalb du sie auch nur hin und wieder kaufen musst. Da sie das Fundament der meisten Rezepte (keineswegs nur für jene in diesem Buch) bilden, sollten sie immer zur Hand sein. (Außerdem ist ein gut sortierter Vorratsschrank ungeheuer … na klar: erwachsen!)

Fette & Öle

Natives Olivenöl extra Das bekommt man in guter Qualität (und je nach Herkunftsland unter leicht abweichender Bezeichnung) mittlerweile in praktisch jedem Supermarkt. Benutze das weniger teure zum Braten und das etwas teurere für Dressings und Dips sowie zum Beträufeln.

Neutrales Pflanzenöl Mit ihrem geringen Eigengeschmack und dem hohen Rauchpunkt eignen sich neutrale Pflanzenöle ausgezeichnet zum Frittieren, für Wokgerichte und zum Braten. Raps- und Traubenkernöl z. B. sind nicht teuer, dafür aber vielseitig verwendbar.

Geröstetes Sesamöl Hier lohnt es sich, das etwas teurere zu nehmen, es schmeckt einfach besser. Erhitzt man es zu stark, wird es bitter – verwende es also lieber für Dressings und zum Beträufeln. Im Gegensatz dazu eignet sich normales (also ungeröstetes) Sesamöl sehr gut zum Braten.

Butter Unserer Meinung nach ist gute Butter ihr Gewicht in Gold wert. Allerdings sollte Butter immer möglichst frisch verwendet werden.

Antihaft-Kochspray Mit dem Spray ist jede Backform und jedes Backblech in Sekundenschnelle eingefettet – sehr praktisch!

Essig

Rotweinessig Guter Rotweinessig ist hocharomatisch und peppt fast jedes Gericht auf. Achte jedoch darauf, dass er feinere Aromen nicht überlagert.

Weißweinessig Dieser Essig bietet sich für die Dressings zarter Salate und zum Würzen leichterer Fleischgerichte an.

Reisessig Die subtile Süße dieses Essigs aus fermentiertem Reis oder Reiswein passt hervorragend zu asiatischen Gerichten.

Würzmittel & -saucen

Dijonsenf Vergiss alle anderen Senfsorten – Dijonsenf ist *der* Senf. Er verleiht Dressings, Saucen und Sandwiches jede Menge Aroma, und das ganz ohne unangenehmen Nachgeschmack.

Mayonnaise Unsere Geheimwaffe: Mayonnaise rettet so manches fade Gericht und bindet einfach wunderbar.

Ketchup Dieses Würzmittel eignet sich nicht nur für Burger, sondern verleiht auch Saucen und Glasuren eine pikante Säure.

Chilisauce Sie reicht von Sauce im mexikanischen Stil bis zur allseits beliebten thailändischen Sriracha-Sauce. Leg dir eine für den Alltagsgebrauch und andere für spezifische Gerichte zu. (Aber mal ehrlich: Wenn du der Chilisaucen-Typ bist, hast du vermutlich ohnehin schon sechs verschiedene Chilisaucen im Kühlschrank stehen.)

Honig Honig kann ziemlich teuer sein, die Investition lohnt sich aber. Kauf am besten einen guten aus deiner Region.

Trockenvorräte

Nudeln Auch einige Packungen mit verschiedenen Nudelsorten gehören unbedingt in den Vorratsschrank. Nudelgerichte sind preiswerte und leicht zuzubereitende Mahlzeiten unter der Woche, außerdem lassen sich für ihre Saucen hervorragend das überzählige Gemüse und Fleisch im Kühlschrank verarbeiten.

Reis Für ihn gilt Ähnliches wie für die Nudeln: Er macht satt und ist nicht teuer. Wir empfehlen, immer einen kleinen Vorrat an Naturreis und Basmatireis im Haus zu haben.

Sardellen Du magst keine Sardellen? Sei erwachsen und gib ihnen noch eine Chance! Gehackt im Dressing oder in Öl angeschwitzt verleihen sie fast jedem Gericht eine herrlich salzige, würzige Note. Sie gehören zu unseren Lieblings-Geheimwaffen im Kühlschrank.

Paniermehl Es eignet sich perfekt zum Binden und – der Name deutet es an – zum Panieren. Es macht sich auch toll als Topping. Kauf ungewürztes Paniermehl und verfeinere es bei Bedarf selbst mit Kräutern und Gewürzen.

Mehl Das Standardmehl ist Weizenmehl Type 405 (die Zahl gibt den Mineralstoffgehalt an). Mehl sollte grundsätzlich so trocken wie möglich gelagert werden. Vollkorn- und Nussmehl besitzen einen hohen Anteil natürlicher Öle und werden bei Zimmertemperatur schnell ranzig. Für diese Mehlsorten ist eine möglichst geringe Lagerungszeit von Vorteil.

Natron & Backpulver Beide sind Backtriebmittel, funktionieren aber unterschiedlich. Natron reagiert auf Säure, das Aufgehen beginnt also sofort. Backpulver reagiert auf Säure und Wärme, weshalb der Teig erst im Ofen richtig aufgeht. Man kann das eine nicht unbedingt durch das andere ersetzen, gemeinsam kommen Natron und Backpulver in Rezepten jedoch häufiger vor.

Zucker Er ist *das* Standardsüßungsmittel. Ist von Zucker die Rede, ist der weiße Haushaltszucker gemeint.

Brauner Zucker Bei ihm handelt es sich um weißen Zucker gemischt mit Melasse. Es gibt hellen und dunklen braunen Zucker; Ersterer hat einen etwas feineren Geschmack, er taucht in Rezepten deshalb häufiger auf. Brauner Zucker ist übrigens nicht zu verwechseln mit Rohrzucker, der ausschließlich aus Zuckerrohr hergestellt wird.

Puderzucker Er verleiht Frühstück und Nachtisch den letzten Schliff und ist unerlässlich für Glasuren und Zuckerguss.

Gewürze

Salz Das im Handel erhältliche Speisesalz ist entweder Meer- oder Steinsalz, das sich durch seine Körnigkeit gut dosieren lässt. Fleur de Sel, das aus gröberen, feuchten Kristallflocken besteht, hat eine zart-knusprige Konsistenz. Das naturbelassene Salz verleiht Desserts, Fleisch und Gemüse das gewisse Extra, wenn man es direkt vor dem Anrichten aufstreut.

Pfeffer Leg dir unbedingt eine Pfeffermühle und ganze Pfefferkörner zu, denn nichts geht über frisch gemahlenen Pfeffer, sei er nun schwarz oder weiß. Außerdem kannst du mit einer Pfeffermühle den Mahlgrad von fein bis grob selbst bestimmen.

Getrocknete Kräuter und Gewürze Getrocknete Kräuter haben in der Regel einen intensiveren Geschmack als frische; sei also vorsichtig, wenn du das eine durch das andere ersetzen willst *(siehe dazu auch Life Skill unten)*. Viele Gewürze entfalten ihr volles Aroma, wenn sie erhitzt werden. In diesem Buch verwenden wir die folgenden getrockneten Kräuter und Gewürze:

- Lorbeerblätter
- Schnittlauch
- Dill
- Oregano
- Petersilie
- Kümmelsamen
- Kreuzkümmel-samen
- Fenchelsamen
- Sesamsamen
- Cayennepfeffer
- Chilipulver
- Currypulver
- Knoblauchpulver
- Zwiebelpulver
- gemahlener Piment
- Zimtpulver
- gemahlener Kreuzkümmel
- Ingwerpulver
- geriebene Muskatnuss
- gemahlene Kurkuma
- Cajun-Gewürz-mischung
- Old-Bay-Gewürz-mischung
- Chiliflocken
- geräuchertes Paprikapulver
- Vanilleextrakt

Du musst nicht alles auf einmal kaufen, ergänze dein Gewürzregal nach und nach. Stell die Gewürze am besten übersichtlich nebeneinander, damit du beim Kochen nicht erst lange nach ihnen suchen musst. Ein (aktuelles) Foto vom Gewürzregal auf dem Smartphone hilft dabei, nichts aus Versehen doppelt einzukaufen.

Frische Zutaten

Fleisch, Obst und **Gemüse**, **Kräuter** sowie **Milchprodukte** solltest du immer so kurz wie möglich vor dem Kochen einkaufen.

Da **Fleisch** in größeren Mengen meist preiswerter ist, kannst du es auch portionieren und einfrieren. Lege es mindestens 12 Stunden vor dem Gebrauch in den Kühlschrank, damit es dort auftauen kann.

TK-Früchte sind ein guter Ersatz für frische, wenn diese gerade keine Saison haben.

Gemüse und **Kräuter** in kleinen Mengen immer frisch zu kaufen mag etwas mühsam sein, ist aber preiswerter (und umweltschonender), als große, nicht gebrauchte Mengen nach ein paar Tagen wegzuwerfen. Manche Gemüsesorten wie beispielsweise Erbsen und Mais schmecken als TK-Ware sogar fast noch besser als ihr frisches Pendant und lassen sich gefroren auch besser handhaben.

Käse, Milch und **Eier** sollten immer nur in der unmittelbar benötigten Menge gekauft werden. Geriebener Käse kann eingefroren und später wieder aufgetaut werden, alles andere schmeckt besser frisch.

LIFE SKILL

Wenn du frische Kräuter durch getrocknete ersetzen willst, solltest du die angegebene Menge um etwa ein Drittel reduzieren.

EIN AUSGEWOGENES FRÜHSTÜCK

SÜSSE FRÜHSTÜCKSTASCHEN

FÜR 9 STÜCK

Selbst als Kind war uns klar, dass der »Teil eines ausgewogenen Frühstücks«-Satz in der Werbung glatt gelogen war. Trotzdem war (und ist?) wenigstens eine wöchentliche Teigtasche mit ihrer verführerisch süßen Füllung für die meisten nicht wegzudenken aus dem Leben. Während es einerseits zum Erwachsenwerden gehört, irgendwann damit anzufangen, clevere Essensentscheidungen zu treffen, gehört es andererseits auch dazu, die getroffenen Entscheidungen clever zu rechtfertigen. Ein Beispiel: Wenn man diese Frühstückstaschen selbst macht – ohne künstliche Zusatz- und Konservierungsstoffe –, sind sie dann nicht genauso gut wie die Teigtaschen vom Bäcker? Na also: So einfach ist das!

Für den Teig

275 g **Mehl** + etwas mehr für die Arbeitsfläche

2 TL **Zucker**

1 TL **Salz**

225 g **Butter**, gekühlt und in Würfel geschnitten

1 **Ei** (Größe L)

2 TL **Milch**

Für die Füllung

100 g **heller brauner Zucker**

3 TL **Mehl**

2 TL **Zimtpulver**

2 TL **Ahornsirup**

Für die Glasur

170 g **Puderzucker**

1 TL **Zimtpulver**

½ TL **Vanilleextrakt**

2–3 EL **Milch**

1 Für den Teig das Mehl in eine mittelgroße Schüssel sieben und mit Zucker und Salz verrühren. Die Butter hinzufügen und mit sauberen Händen in die Mehlmischung einarbeiten, bis ein krümeliger, sandiger Teig mit kleinen Butterstückchen entstanden ist (**A**). 60 Milliliter Eiswasser dazugießen und alles zu einem homogenen Teig verkneten. Sollte der Teig noch zu krümelig sein, 1 weiteren Esslöffel Wasser dazugeben. Den Teig halbieren und die beiden Hälften jeweils in Klarsichtfolie wickeln (**B**). 30 Minuten kühl stellen.

2 Für die Füllung braunen Zucker, Mehl, Zimt und Ahornsirup in eine kleine Schüssel geben und verrühren (**C**).

3 Ein tiefes Backblech mit Backpapier auskleiden und eine Teigkugel auf die gut bemehlte Arbeitsfläche legen. Den Teig zu einem 3 Millimeter dicken Rechteck (ca. 25 x 32 cm) ausrollen und mit Lineal und Messer die Ränder so begradigen, dass eine 24 x 30 Zentimeter große Fläche entsteht. Diese anschließend zu 9 Rechtecken (8 x 10 cm) zuschneiden (**D**). (Mit einem Pizzaroller geht das im Handumdrehen!) Die Rechtecke auf dem vorbereiteten Backblech verteilen.

4 In einer kleinen Schüssel das Ei mit 2 Teelöffel Milch verrühren. Die Rechtecke mit der Eimischung bepinseln (**E**)

und in die Mitte jedes Rechtecks 1 Esslöffel Füllung geben (**F**).

5 Die zweite Teigkugel wie beschrieben ebenfalls in Rechtecke schneiden. Diese auf die Rechtecke mit der Füllung legen, die Füllung vorsichtig etwas flach drücken und anschließend die Ränder der Teigrechtecke zusammendrücken. Die Ränder mit einer Gabel noch einmal versiegeln und mit der Gabel dann Löcher in die Teigtaschen stechen (**G**). Das Backblech mit den Teigtaschen 30 Minuten kühl stellen.

6 In der Zwischenzeit den Ofenrost auf der mittleren Schiene in den Backofen schieben und den Backofen auf 175 °C vorheizen.

7 Für die Glasur Puderzucker, Zimt, Vanilleextrakt und 2 Esslöffel Milch in einer mittelgroßen Schüssel zu einer dickflüssigen Mischung verrühren (**H**). Ist die Mischung zu dick, 1 weiteren Esslöffel Milch unterrühren.

8 Das Backblech in den Ofen schieben und die Teigtaschen 20 bis 22 Minuten im Ofen backen; dabei das Blech nach der Hälfte der Backzeit einmal drehen. Sind die Teigtaschen rundum hellgoldfarben, aus dem Ofen nehmen und etwa 15 Minuten auf dem Blech abkühlen lassen. Anschließend 1 Esslöffel Glasur auf jede Teigtasche geben und mit dem Löffelrücken vorsichtig verteilen (**I**). Die Glasur vor dem Servieren der Teigtaschen etwa 5 Minuten fest werden lassen.

A

B

C

D

E

F

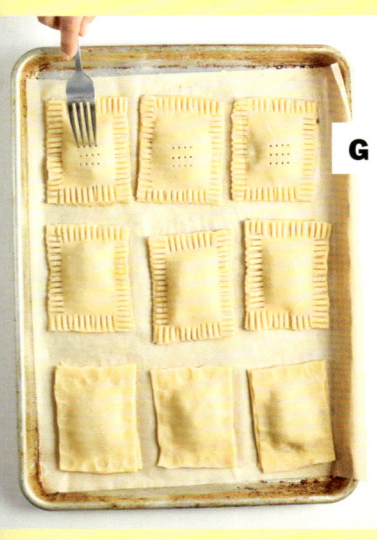

G

H

I

KAROTTENKUCHENMUFFINS

FÜR 12 MUFFINS

Antihaft-Kochspray

Für die Füllung

225 g zimmerwarmer **Frischkäse**
(Doppelrahmstufe)

55 g **Zucker**

1 TL **Vanilleextrakt**

Für die Muffins

110 g **Mehl**

60 g **Vollkornmehl**

1 TL **Salz**

1 TL **Backpulver**

½ TL **Natron**

½ TL **Zimtpulver**

¼ TL **Ingwerpulver**

200 g **heller brauner Zucker**

170 g **Butter**, zerlassen

1 **Ei** (Größe L)

2 EL **griechischer Joghurt**

½ TL **Vanilleextrakt**

170 g **Karotten**, geraspelt

80 g **Rosinen**

60 g **Pekannüsse**, gehackt

Erwachsen zu sein bedeutet auch, dass niemand einen davon abhält, Kuchen zum Frühstück zu essen. Diese Muffins liegen irgendwo zwischen üppig und elegant: Zwar sind sie mit süßem Frischkäse gefüllt, dafür aber enthält der Teig definitiv gesunde Zutaten wie Vollkornmehl, Joghurt, Karotten und Pekannüsse. Unterm Strich halten sich Genuss und Vernunft also die Waage. Nie war Marie-Antoinettes berühmter Ausspruch treffender: »Sollen sie doch Kuchen essen!«

1   Den Ofenrost auf der mittleren Schiene in den Backofen schieben und den Backofen auf 220 °C vorheizen. Die zwölf Mulden eines Muffinblechs mit Kochspray einfetten oder Muffinförmchen aus Papier hineinlegen.

2   Für die Füllung Frischkäse, Zucker und Vanilleextrakt in eine kleine Schüssel geben und gründlich verrühren.

3   Für die Muffins Mehl und Vollkornmehl in eine mittelgroße Schüssel sieben. Salz, Backpulver, Natron, Zimt und Ingwer dazugeben und verrühren. In einer zweiten mittelgroßen Schüssel Zucker, Butter, Ei, Joghurt und Vanilleextrakt verrühren. Die Mehlmischung in drei Portionen dazugeben und unterrühren. Karottenraspel, Rosinen und gehackte Pekannüsse mit einem Spatel unterheben.

4   Jeweils 1½ Esslöffel des Teigs in die Mulden des Muffinblechs geben und den Teig mit einem angefeuchteten Finger etwas in der Mulde verteilen. Anschließend jeweils 1 Esslöffel Füllung mittig auf den Teig geben und darauf 1½ weitere Esslöffel des Teigs setzen.

5   Die Muffins 5 Minuten im Ofen backen, dann die Temperatur auf 175 °C reduzieren und die Muffins 15 bis 18 Minuten weiterbacken, bis sie Risse bekommen und goldbraun sind. In der Form abkühlen lassen.

LIFE SKILL

Du hast kein Muffinblech? Kein Problem: Schneidet aus Backpapier und Alufolie jeweils 12 Quadrate (13 x 13 cm) aus. Drücke die Backpapierquadrate um den Boden eines Trinkglases und anschließend die Alufolie darüber, sodass sich eine feste Form ergibt. Dann einfach die Muffinförmchen auf ein tiefes Backblech stellen und mit Teig füllen.

BEERENKEKSE MIT ZUCKERGUSS

FÜR 8 KEKSE

Für die Kekse

220 g **Mehl**

75 g **Zucker**

2 TL **Backpulver**

1 TL **Salz**

½ TL **Natron**

115 g **Butter**, gekühlt und in Würfel geschnitten

250 g **Buttermilch**

160 g **getrocknete Heidelbeeren**

Für den Zuckerguss

60 g **Puderzucker**

1 EL **Zitronensaft**, frisch gepresst

1 TL **Vanilleextrakt**

In jeden Erwachsenenhaushalt gehört unbedingt ein unschlagbares Keksrezept. Sollte das Rezept dabei zufällig ein wenig Zitronenzuckerguss erfordern, heißt das lediglich, dass man für ein bisschen Spaß nie zu alt ist. Diese herrlich weichen, süßen, aber nicht zu süßen Kekse schmecken am besten, wenn sie frisch aus dem Ofen kommen. Und bei einem so einfachen Rezept spricht absolut nichts dagegen, dass jedes Wochenende ein neues Blech voller Beerenkekse frisch aus dem Ofen kommt!

1   Den Ofenrost auf der mittleren Schiene in den Backofen schieben und den Backofen auf 200 °C vorheizen. Ein tiefes Backblech mit Backpapier auslegen.

2   Für die Kekse das Mehl in eine mittelgroße Schüssel sieben und mit Zucker, Backpulver, Salz sowie Natron verrühren. Die Butter hinzufügen und mit sauberen Händen in die Mehlmischung einarbeiten, bis ein krümeliger, sandiger Teig mit kleinen Butterstückchen entstanden ist. Die Buttermilch dazugeßen und alles mit den Händen zu einem homogenen, klebrigen Teig verkneten. Diesen in der Schüssel für 15 Minuten ins Gefrierfach stellen.

3   Anschließend die getrockneten Heidelbeeren vorsichtig unter den Teig kneten. Den Teig in 8 Portionen teilen und auf das vorbereitete Backblech legen. Mit angefeuchteten Händen sanft flach drücken und zu etwa 2½ Zentimeter dicken Scheiben formen. Rund 15 Minuten im Ofen backen, bis die Kekse hellgoldbraun sind. 10 Minuten auf dem Blech abkühlen lassen.

4   Für den Zuckerguss Puderzucker, Zitronensaft und Vanilleextrakt in einer kleinen Schüssel verrühren und mit einem Löffel über die noch warmen Kekse träufeln.

LIFE SKILL

Durch das Sieben werden eventuell vorhandene Klümpchen im Mehl aufgelöst. Dafür das Mehl in ein feinmaschiges Sieb geben, das Sieb über die Schüssel halten und sanft daran klopfen. Wer kein feinmaschiges Sieb hat, gibt die Zutaten direkt in die Schüssel und verrührt sie gründlich mit einem Schneebesen.

APFEL-GRANOLA

FÜR CA. 975 GRAMM

260 g **Datteln** ohne Stein

55 g **Tahini** (Sesampaste)

2 TL **Zimtpulver**

¼ TL **Muskatnuss**, frisch gerieben

¼ TL **Piment**, gemahlen

¼ TL **Salz**

270 g **kernige Haferflocken**

160 g **Rosinen**

75 g **Cashewkerne**, grob gehackt

75 g **Pekannüsse**, grob gehackt

60 g getrocknete **Apfelringe**, in ca. 1 cm große Stücke geschnitten

30 g **Sonnenblumenkerne**

30 g **Kürbiskerne**

25 g **ungesüßte Kokosraspel**

Dieses Knuspermüsli schmeckt nach Herbst. Wärmende Gewürze umhüllen jedes Haferflocken-Frucht-Stückchen, als äße man einen Apfelkuchen oder einen Bratapfel oder als mache man einen Spaziergang im Wald. Du hast deinen Lieblingspulli an, hörst das Laub unter deinen Füßen rascheln, und irgendwer hat irgendwo auch schon seinen Kamin angezündet, denn es duftet nach brennendem Holz. Ach ja: Ohne zusätzlichen Zucker und mit all den Vollwertzutaten ist das Knuspermüsli auch noch megagesund.

1 Den Ofenrost auf der mittleren Schiene in den Backofen schieben und den Backofen auf 150 °C vorheizen. Ein tiefes Backblech mit Backpapier auskleiden.

2 Die Datteln mit 240 Milliliter kochendem Wasser in die Küchenmaschine bzw. in den Mixer geben und in dem Gefäß etwa 10 Minuten einweichen, bis sie biegsam sind. Tahini, Zimt, Muskatnuss, Piment und Salz hinzufügen und glatt mixen.

3 In einer großen Schüssel Haferflocken, Rosinen, Cashewkerne, Pekannüsse, Apfelstücke, Sonnenblumenkerne, Kürbiskerne und Kokosraspel gründlich vermengen. Die Dattelmischung darübergießen und alles noch einmal gut verrühren. Die Mischung gleichmäßig auf dem vorbereiteten Backblech verteilen und 30 Minuten im Ofen backen, dabei nach der Hälfte der Backzeit erneut verrühren. Das Müsli ist fertig, wenn es knusprig geröstet ist und herrlich duftet. Nach dem Backen vollständig abkühlen lassen. In einem luftdicht verschlossenen Behälter hält sich das Knuspermüsli bis zu 2 Wochen.

SMOKY SHAKSHUKA
MIT ZIEGENKÄSE & KRÄUTERN

FÜR 4–6 PORTIONEN

2 EL **Olivenöl**

1 mittelgroße **Gemüsezwiebel**, abgezogen und fein gehackt

4 **Knoblauchzehen**, abgezogen und fein gehackt

1 EL **geräuchertes Paprikapulver**

1 TL **Kreuzkümmel**, gemahlen

¼ TL **Chiliflocken**

70 g **Grünkohl**, gehackt

800 g **stückige Tomaten** aus der Dose

Salz

schwarzer Pfeffer, frisch gemahlen

6 **Eier** (Größe L)

120 g **Ziegenfrischkäse**

2 EL **frischer Koriander**, fein gehackt

2 EL **frischer Dill**, fein gehackt

2 EL **frische Minze**, fein gehackt

Wir gehen auch unheimlich gerne auswärts zum Brunchen, doch hat einfach jedes Budget seine Grenzen. Wenn das Geld am Ende des Monats mal wieder knapp wird, ist dieses Shakshuka eine köstliche Alternative. Es passt ausgezeichnet beispielsweise zum Kräutersalat mit säuerlichem Joghurtdressing (siehe S. 66). Die Gäste bringen frisches Brot und den Prosecco mit, et voilà: Brunch!

1   Das Öl in einer großen Pfanne bei mittlerer Temperatur erhitzen und die Zwiebel unter gelegentlichem Rühren 5 Minuten darin andünsten. Knoblauch, Paprikapulver, Kreuzkümmel sowie Chiliflocken dazugeben und etwa 1 Minute mitdünsten, bis die Gewürze zu duften beginnen. Grünkohl und Tomaten hinzufügen und alles 10 bis 12 Minuten köcheln lassen, bis der Grünkohl zusammengefallen ist und die Sauce andickt. Mit Salz und Pfeffer würzen.

2   Mit einem Holzlöffel 6 kleine Mulden in die Sauce drücken. 1 Ei in eine kleine Schüssel aufschlagen und anschließend vorsichtig in eine der Mulden gleiten lassen. Mit den restlichen Eiern ebenso verfahren. Zugedeckt 7 bis 10 Minuten weitergaren lassen, bis das Eiweiß fest geworden ist, die Eigelbe aber noch flüssig sind.

3   Die Pfanne vom Herd nehmen und den Ziegenkäse in kleinen Flöckchen auf der Sauce verteilen. Mit Kräutern bestreuen und das Shakshuka direkt aus der Pfanne servieren – jeder bekommt 1 Ei und jede Menge Sauce.

LIFE SKILL

Das Ei vorher in eine Schüssel aufzuschlagen scheint zunächst nur den Abwasch zu vergrößern, hat aber durchaus auch einen Sinn: Dadurch kannst du eventuelle Eierschalenstückchen herauslesen, bevor sie im Gericht landen. Außerdem siehst du so gleich, ob das Ei möglicherweise verdorben ist und aussortiert werden sollte.

MEAL-PREP: FRITTATA

Antihaft-Kochspray

12 **Eier** (Größe L)

60 g **Buttermilch** oder 60 ml **Milch**

225 g **Frühkartoffeln**, in ½ cm dicke
Scheiben geschnitten

2 EL **Olivenöl**

Salz

schwarzer Pfeffer, frisch gemahlen

ca. 15 g **Gemüsezwiebel**, abgezogen
und fein gehackt

1 **Knoblauchzehe**, abgezogen und
fein gehackt

½ TL **getrockneter Oregano**

½ TL **geräuchertes Paprikapulver**

35 g **Grünkohl**, gehackt

225 g **grüner Spargel**, im unteren
Drittel geschält, längs halbiert und in
5 cm lange Stücke geschnitten

40 g **geriebener Käse**, z. B.
Mozzarella, Cheddar oder eine
Mischung aus verschiedenen
Käsesorten

Leichter (und gesünder), als den Tag mit einem mayonnaisetriefenden Eiersandwich zu beginnen, ist es, diese Frittata am Sonntag zuzubereiten und dann unter der Woche einfach mitzunehmen. Hier trifft knackiges Gemüse auf so viele Eier, dass du garantiert satt wirst, und auf so viele Gewürze, dass die Frittata nie langweilig wird. Das perfekte Finish ist der Käse, der das Ganze goldbraun krönt. Wenn du diese Frittata in deine Meal-Prep-Routine aufnimmst, wirst du es dir spätestens am Mittwoch selbst danken.

1 Den Ofenrost auf der mittleren Schiene in den Backofen schieben und den Backofen auf 230 °C vorheizen. Eine Auflaufform (20 x 20 cm) mit Kochspray einfetten.

2 Eier und Buttermilch bzw. Milch in einer großen Schüssel gründlich verquirlen.

3 Die Kartoffelscheiben im Olivenöl wenden, großzügig salzen und pfeffern und in die vorbereitete Auflaufform geben. Etwa 10 Minuten im Ofen rösten, bis die Kartoffeln bräunen und knusprig sind; nach der Hälfte der Röstzeit umrühren. Zwiebel und Knoblauch unterrühren und alles 2 Minuten weiterrösten, bis die Mischung zu duften beginnt. Oregano, Paprikapulver sowie Grünkohl unterrühren und weitergaren, bis der Grünkohl zusammengefallen ist. Den Spargel hinzufügen und mit 1 weiterer Prise Salz würzen. Die verquirlten Eier darübergießen und ebenfalls etwas unterrühren.

4 Die Auflaufform locker mit Alufolie bedecken und die Frittata rund 25 Minuten im Ofen backen, bis sie aufgegangen und in der Mitte fest geworden ist. Die Folie entfernen und die Frittata mit Käse bestreuen. 5 bis 8 Minuten weiterbacken, bis der Käse geschmolzen ist und zu bräunen beginnt.

5 Die Frittata mindestens 10 Minuten abkühlen lassen und anschließend in 6 gleich große Stücke schneiden. In einem luftdicht verschlossenen Behälter hält sie sich im Kühlschrank bis zu 1 Woche.

MEAL-PREP: GRÜNER PROTEIN-SMOOTHIE

FÜR 1 PORTION (CA. 500 ML)

30 g **Spinat**

1 **Banane**, in ca. 1 cm große Stücke geschnitten

1 **Apfel**, geschält und in ca. 1 cm dicke Scheiben geschnitten

¼ **Salatgurke**, in ca. 1 cm dicke Scheiben geschnitten

1 Stück **frischer Ingwer**, ca. 2 ½ cm lang, geschält und halbiert

65 g **cremiges Erdnussmus**

1 EL **Leinsamen**, gemahlen

25 g **kernige Haferflocken**

240 ml **Pflanzenmilch**, z. B. Hafermilch

1 Portion **Protein-**, **Kollagen-** oder **Superfood-Pulver**

Richtig entspannt wird das Frühstück, wenn du es schon am Abend zuvor vorbereitest – es gibt fast nichts Erwachseneres als das! Frische und gesunde Zutaten einzufrieren stellt sicher, dass Nährstoffe und Aromen die ganze Woche über intakt bleiben, bis du bereit zum Verzehr bist. Außerdem macht das Portionieren die Vorbereitung supereinfach: So musst du die einzelnen Portionen nur noch in den Mixer werfen, und fertig. In diesem Smoothie sorgt die Mischung aus süß und gesund für ein ausgewogenes Frühstück, das auch noch schmeckt. Für ein leckeres Frühstück die ganze Woche über einfach die angegebenen Mengen vervielfachen.

1 Spinat, Banane, Apfel, Gurke und Ingwer in einen Gefrierbeutel mit 2 Liter Fassungsvermögen geben. Das Erdnussmus daraufgeben und mit gemahlenen Leinsamen sowie Haferflocken bedecken, damit das Mus nicht am Beutel klebt. Vorsichtig die Luft aus dem Beutel pressen und den Beutel verschließen. Mit einem Permanentmarker das Datum auf den Beutel schreiben und die Zutaten für bis zu 3 Monate einfrieren.

2 Die Zutaten in den Mixer geben, Pflanzenmilch sowie Protein-, Kollagen- oder Superfood-Pulver dazugeben und alles auf höchster Stufe glatt mixen. Abgießen und genießen.

LIFE SKILL

Am schnellsten lässt sich Ingwer mit einem Suppenlöffel schälen: Setze die Spitze des Löffels mit der Mulde nach innen am Ingwer an und kratze so die Ingwerschale zügig ab.

CROQUE MADAME
MIT HALB VERSTECKTEM EI

FÜR 2 SANDWICHES

2 EL **Butter**

1 EL **Mehl**

120 ml **Milch**

1 Prise **Muskatnuss**,
frisch gerieben

Salz

schwarzer Pfeffer, frisch gemahlen

100 g **Gruyère**, gerieben

4 dicke Scheiben **Toastbrot**

2 **Eier** (Größe L)

6 dünne Scheiben
gekochter Schinken

¼ TL **geräuchertes Paprikapulver**

Madame klingt zwar sehr vornehm, doch im Grunde ihres Herzens ist sie ein wirklich bodenständiges Mädel: Dieses Sandwich wird in Butter gebraten; in seinem saftigen Inneren locken warmer Schinken, geschmolzener Käse, flüssiges Eigelb und noch mehr Käse in Form einer Sauce. Was Madame (vermeintlich) an Klasse mangelt, macht sie durch Persönlichkeit mehr als wett – nie war ein Frühstückssandwich frecher.

1   Den Backofen mit Grillfunktion auf höchster Stufe vorheizen.

2   1 Esslöffel Butter in einem mittelgroßen Topf bei mittlerer Temperatur zerlassen. Das Mehl hineinstäuben und unter gelegentlichem Rühren etwa 2 Minuten goldbraun anrösten. Die Milch unterrühren und die Mischung zum Kochen bringen. Die Hitze etwas reduzieren und die Sauce unter gelegentlichem Rühren rund 3 Minuten köcheln lassen, bis sie eindickt. Muskatnuss, Salz, Pfeffer und 20 Gramm Käse unterrühren (**A**). Den Topf vom Herd nehmen.

3   Aus 2 Scheiben Brot mittig je einen Kreis ausschneiden, am besten mit einem Plätzchenausstecher oder einem Trinkglas (**B**). Die ausgeschnittenen Kreise entsorgen oder für eine andere Verwendung aufbewahren.

4   Die restliche Butter bei mittlerer Temperatur in einer großen, ofenfesten Pfanne zerlassen. Die Eier in getrennte kleine Schüsseln aufschlagen. Die beiden vorbereiteten Toastscheiben in die Pfanne legen und vorsichtig jeweils 1 Ei in den ausgeschnittenen Kreis gleiten lassen. Die Eier mit Salz sowie Pfeffer würzen und in der Pfanne 3 bis 4 Minuten braten, bis das Eiweiß fest ist, die Eigelbe aber noch flüssig sind (**C**). Den restlichen Käse über Brote und Eier streuen und jedes Brot mit 3 Scheiben Schinken belegen. Die restlichen Toastscheiben darauflegen; anschließend die Sandwiches vorsichtig wenden und rund 3 Minuten auf der anderen Seite braten (**D**).

5   Die Pfanne vom Herd nehmen und die Käsesauce gleichmäßig auf den Sandwiches verteilen. Die Pfanne unter den Grill stellen und die Sandwiches 2 bis 3 Minuten grillen, bis die Sauce Blasen wirft und goldbraun ist. Mit geräuchertem Paprikapulver bestreut sofort servieren.

A

B

C

D

SUPPEN-HELDEN

HÜHNERNUDELSUPPE

FÜR 4 PORTIONEN

Nicht nur bei allen möglichen Erkältungskrankheiten entfaltet die Hühnersuppe ihre Wunderkräfte. Die Schlichtheit von Brühe, Fleisch, Gemüse und Nudeln wirkt wie eine herzliche Umarmung. Verdopple oder verdreifache die angegebenen Mengen und friere die Suppe ein, damit du etwas Tröstliches zu essen hast, wenn du krank bist, dich mies fühlst oder einfach Lust auf einen Teller guter Suppe hast.

960 ml selbst gemachte **Hühnerbrühe** *(Rezept siehe S. 46)* oder gekaufter **Hühnerfond**

450 g **Hähnchenbrust** ohne Knochen und ohne Haut

Salz

225 g **Karotten**, in ca. 1 cm dicke Scheiben geschnitten

225 g breite **Eiernudeln**

15 g **frische Petersilie**

1 Die Brühe bzw. den Fond in einem großen Topf bei hoher Temperatur zum Kochen bringen. Die Hähnchenbrust auf beiden Seiten mit Salz würzen und in die kochende Flüssigkeit geben. Die Hitze auf niedrige Temperatur reduzieren und die Hähnchenbrust zugedeckt rund 8 Minuten garen. Das Fleisch auf ein Schneidbrett geben und eventuellen Schaum von der Brühe bzw. dem Fond abschöpfen.

2 Die Hitze wieder auf hohe Temperatur erhöhen und die Flüssigkeit erneut zum Kochen bringen. Die Karotten hineingeben. Nach 2 Minuten die Nudeln hinzufügen und alles weitere 5 Minuten köcheln lassen, bis die Nudeln al dente und die Karotten weich sind. Die Hitze auf niedrige Temperatur reduzieren.

3 Das Fleisch mithilfe einer Zange oder zweier Gabeln in mundgerechte Stücke zupfen. Mitsamt eventuell ausgetretenem Saft wieder in die Flüssigkeit geben und mit Petersilie bestreuen. 2 Minuten köcheln lassen, um das Fleisch durchzuwärmen. Abschmecken und sofort servieren. Alternativ abkühlen lassen und einfrieren – in luftdicht verschlossenen Behältern hält sich die Suppe im Gefrierfach bis zu 6 Monate lang.

5-MINUTEN-GAZPACHO

FÜR 4 PORTIONEN

450 g **Fleischtomaten**, geviertelt

1 **rote Paprikaschote**, entkernt und geviertelt

1 **gelbe Paprikaschote**, entkernt und geviertelt

1 **Salatgurke**, geviertelt

1 mittelgroße **Schalotte**, abgezogen und halbiert

2 **Knoblauchzehen**, abgezogen

1 **Jalapeño-Chilischote**, entstielt

½ TL **Kreuzkümmel**, gemahlen

60 ml **Rotweinessig**

2 EL **Olivenöl** + etwas mehr zum Beträufeln

1 TL **Salz**

Wenn wir fünf Minuten sagen, dann meinen wir auch fünf Minuten. Ein bisschen schnibbeln, schwups in den Mixer, ein paar Tropfen Öl obendrauf, fertig. Wer erwachsen kocht, legt Wert auf frische Zutaten, denn frisch = lecker + gesund. Die richtige Zeit für diese Gazpacho ist der Hochsommer, wenn die Zutaten am besten sind und es zu heiß zum Kochen ist.

1   Die Tomaten in einen Mixer oder in die Küchenmaschine geben und 10 Sekunden lang zerkleinern. Paprika, Gurke, Schalotte, Knoblauch, Chili, Kreuzkümmel, Essig, Olivenöl sowie Salz hinzufügen und alles in rund 2 Minuten glatt mixen.

2   Mit etwas Olivenöl beträufelt sofort servieren oder in einem luftdicht verschlossenen Behälter im Kühlschrank aufbewahren. So hält sich die Gazpacho bis zu 1 Woche.

SELBST GEMACHTE BRÜHE

FÜR CA. 2 LITER

Für Rinderbrühe

1,8 kg **Rinderknochen** mit etwas Fleisch daran

2 mittelgroße **Zwiebeln**, abgezogen und geviertelt

4 mittelgroße **Karotten**, gedrittelt

2 EL **Rotweinessig**

4 **Knoblauchzehen**, abgezogen

10 ganze **schwarze Pfefferkörner**

Für Hühnerbrühe

1,4 kg **Hühnerknochen** mit etwas Fleisch daran

2 mittelgroße **Zwiebeln**, abgezogen und geviertelt

4 mittelgroße **Karotten**, gedrittelt

2 EL **Weißweinessig**

4 **Knoblauchzehen**, abgezogen

10 ganze **weiße Pfefferkörner**

Kindheit ist für die allermeisten gleichbedeutend mit Unbekümmertheit. Erwachsensein dagegen meint vor allem, in der Zeit zu sparen, um in der Not zu haben, oder – weniger poetisch –, übrig gebliebene Fleisch- und Knochenreste einzufrieren. Ganz Clevere fragen beim Metzger um die Ecke nach, ob er zufälligerweise Suppenknochen loswerden will. Hast du die Reste erst den ganzen Tag köcheln lassen, ergeben sie 2 Liter herrlich aromatische Brühe voller Nährstoffe. Da ist man doch gern erwachsen!

1   Den Backofen auf 230 °C vorheizen.

2   Die Knochen in einen großen Topf geben und mit warmem Wasser bedecken. Das Wasser bei hoher Temperatur zum Kochen bringen. Anschließend die Hitze auf niedrige Temperatur reduzieren und die Knochen rund 15 Minuten köcheln lassen, bis sich auf der Wasseroberfläche dicker Schaum gebildet hat.

3   Die Knochen in ein Sieb geben und mit kaltem Wasser abspülen. Auf ein tiefes Backblech legen und etwa 30 Minuten im Ofen rösten. Zwiebeln und Karotten dazugeben, im Fleischsaft wenden und alles weitere 30 Minuten im Ofen rösten, bis das Gemüse dunkelbraun ist.

4   Knochen und Gemüse mit einer Zange in den großen Topf geben. 240 Milliliter warmes Wasser in das tiefe Backblech gießen und den Bratensatz lösen. Die Flüssigkeit ebenfalls in den Topf füllen. Essig, Knoblauch sowie Pfeffer hinzufügen und alles gerade mit Wasser bedecken. Bei hoher Temperatur 15 bis 20 Minuten erhitzen, bis die Flüssigkeit kocht, dann den Deckel auflegen. Die Hitze auf niedrige Temperatur reduzieren und die Brühe mindestens 12 Stunden köcheln lassen. Regelmäßig Schaum abschöpfen. Bei Bedarf Wasser angießen; die festen Bestandteile sollten immer gut bedeckt sein.

5   Den Topf vom Herd nehmen. Das Spülbecken 5 Zentimeter hoch mit Wasser füllen und rund 800 Gramm Eis hineingeben. Ein großes Sieb auf eine große Schüssel und ein sauberes Geschirrtuch über das Sieb legen. Die Brühe langsam in das Geschirrtuch gießen, sie sollte erst durchsickern, bevor nachgegossen wird. Das Sieb von der Schüssel nehmen, Knochen, Gemüse sowie Pfefferkörner entsorgen, die Schüssel ins Eisbad stellen und die Brühe 10 bis 15 Minuten rühren, bis sie sich merklich abgekühlt hat. Noch 10 Minuten im kalten Wasser ruhen lassen, dann eventuell vorhandenes Fett von der Oberfläche abschöpfen. Die Brühe in luftdicht verschließbare Behälter füllen; im Kühlschrank hält sie sich 1 Woche, im Gefrierfach bis zu 6 Monate.

TORTILLASUPPE MIT HUHN

1 EL **Olivenöl**

¼ mittelgroße **Gemüsezwiebel**, abgezogen und fein gehackt

1 **Knoblauchzehe**, abgezogen und fein gehackt

¼ TL **getrockneter Oregano**

¼ TL **Kreuzkümmel**, gemahlen

¼ TL **Chilipulver**

Salz

schwarzer Pfeffer, frisch gemahlen

480 ml selbst gemachte **Hühnerbrühe** (siehe links) oder gekaufter **Hühnerfond**

1 **Hähnchenbrust**, ohne Knochen und ohne Haut

50 g **Tomaten**, gewürfelt

100 g **Peperoni aus dem Glas**, gewürfelt

440 g **schwarze Bohnen** aus der Dose, abgegossen und abgespült

80 g **TK-Mais**

Limettenspalten, jede Menge **Tortillastreifen** und **frischer Koriander** zum Servieren

Das Einzige, das besser ist als knusprige Tortillastreifen, sind knusprige Tortillastreifen, die in Brühe schwimmen. Sie segeln auf dem Löffel wie Rose am Bug der *Titanic* über dem Wasser, und bei jedem Happen entdeckt man freudig ein neues pikantes Aroma. Zartes Hühnerfleisch, Chilistückchen, Bohnen und Mais und dann … die Tortillastreifen. Besser geht's wirklich nicht.

1 Das Olivenöl in einen mittelgroßen Topf geben und bei mittlerer Temperatur erhitzen. Die Zwiebel hineingeben und unter gelegentlichem Rühren etwa 5 Minuten andünsten, bis sie weich wird. Knoblauch, Oregano, Kreuzkümmel und Chilpulver unterrühren und alles mit Salz sowie Pfeffer würzen. 1 Minute weiterdünsten, bis die Gewürze zu duften beginnen.

2 Die Brühe oder den Fond dazugießen und die Hitze auf mittlere bis hohe Temperatur erhöhen. Wenn die Brühe zu kochen beginnt, die Hähnchenbrust hineingeben und die Hitze auf niedrige Temperatur reduzieren. Zugedeckt 8 bis 10 Minuten köcheln lassen, bis das Fleisch gar ist. Die Hähnchenbrust auf einer Teller geben.

3 Tomaten, Peperoni, Bohnen und Mais in die Brühe geben und unter gelegentlichem Rühren etwa 5 Minuten ziehen lassen. Die Hähnchenbrust mithilfe einer Zange oder zweier Gabeln in mundgerechte Stücke zupfen und mitsamt ausgetretenem Saft wieder in die Brühe geben. Alles rund 5 Minuten weiterköcheln lassen, damit sich die Aromen verbinden.

4 Die Suppe auf Teller verteilen und mit einem Spritzer Limettensaft, einer Handvoll Tortillastreifen sowie etwas Koriander garniert servieren.

LIFE SKILL

Pochieren heißt, etwas in heißer Flüssigkeit zu garen, und zwar immer »low & slow«. Das langsame Garen bei niedriger Temperatur verhindert, dass das Fleisch (oder der Fisch!) zäh wird. Ruht das Gargut nach dem Garen noch einige Minuten, bleibt es saftig und aromatisch.

A

B

C

D

BAKED-POTATO-SUPPE
MIT CHEDDAR & BACON

FÜR 4 PORTIONEN

4 mittelgroße **mehligkochende Kartoffeln**, in etwa 1,5 cm große Würfel geschnitten

2 EL **Olivenöl**

½ TL **Salz**

4 EL **Butter**

1 mittelgroße **Zwiebel**, abgezogen und fein gehackt

1 **Knoblauchzehe**, abgezogen und fein gehackt

30 g **Mehl**

360 g **Sahne**

2 EL **Sauerrahm**

2 EL **Parmesan**, gerieben

480 ml **Gemüsebrühe**

schwarzer Pfeffer, frisch gemahlen

1 EL **Schnittlauchröllchen** + etwas mehr zum Servieren

Cheddar, gerieben, und **Bacon**, gehackt, zum Servieren

Mal ehrlich: Bei Baked Potatoes geht's zu 95 Prozent ums Topping. Warum also nicht im Ofen gebackene Kartoffeln in Butter, Sauerrahm und Käse tränken und mit jeder Menge Bacon sowie Schnittlauchröllchen gekrönt servieren? Unsere Baked-Potato-Suppe gehört mit Sicherheit zu den vernünftigsten Entscheidungen, die du im Lauf eines Tages treffen kannst.

1   Den Backofen auf 230 °C vorheizen.

2   Die Kartoffeln mit Olivenöl und Salz vermengen und auf einem tiefen Backblech ausbreiten (**A**). Rund 20 Minuten im Ofen backen, bis die Kartoffeln weich sind. Aus dem Ofen nehmen und beiseitestellen.

3   Die Butter in einem großen Topf bei mittlerer Temperatur zerlassen. Die Zwiebel hineingeben und unter häufigem Rühren rund 5 Minuten darin dünsten, bis sie weich wird. Den Knoblauch hinzufügen und etwa 1 Minute mitdünsten, bis er zu duften beginnt.

4   Das Mehl unter die Zwiebel-Knoblauch-Mischung rühren und unter häufigem Rühren etwa 2 Minuten anrösten, bis es goldfarben ist (**B**). Sahne, Sauerrahm und Parmesan unterrühren (**C**). Die Mischung rund 2 Minuten köcheln lassen, bis sie eindickt. Die Gemüsebrühe angießen und alles mit reichlich Salz und Pfeffer sowie den Schnittlauchröllchen würzen (**D**). Zum Kochen bringen und anschließend zugedeckt bei niedriger Temperatur 20 Minuten köcheln lassen, bis sich die Aromen miteinander verbunden haben.

5   Die gebackenen Kartoffeln mitsamt dem Öl in die Suppe geben und alles gut verrühren. Ohne Deckel weitere 5 Minuten köcheln lassen.

6   Die Baked-Potato-Suppe auf Teller verteilen und mit Cheddar, Bacon sowie Schnittlauchröllchen garniert servieren.

MAIS-CHOWDER MIT CHORIZO

FÜR 4 PORTIONEN

1 EL **Olivenöl**

170 g **Chorizo** ohne Pelle

1 mittelgroße **Zwiebel**, abgezogen
und fein gehackt

330 g **TK-Mais**, aufgetaut

Salz

schwarzer Pfeffer, frisch gemahlen

480 ml **Milch**

480 g **Sahne**

Mais und Chorizo mögen auf den ersten Blick nicht unbedingt wie Suppenkameraden wirken, doch vertrau uns: Die Schärfe und Opulenz des Fleischs ergänzen die natürliche Süße des Maises ausgezeichnet. Und was könnte schöner sein als leuchtend orangefarbenes, vom Chorizo aromatisiertes Öl, das über cremige Chowder geträufelt wird? Die Suppe macht optisch und geschmacklich einiges her und ist doch so einfach zuzubereiten.

1   Das Öl in einem mittelgroßen Topf bei mittlerer Temperatur erhitzen und die Chorizo unter gelegentlichem Rühren etwa 10 Minuten darin braten. Die Chorizo mitsamt Öl in eine Schüssel geben und beiseitestellen.

2   Die Zwiebel mit 2 Esslöffel Wasser in den Topf geben und unter gelegentlichem Rühren rund 5 Minuten andünsten, bis sie weich ist. 4 Esslöffel Mais abnehmen und beiseitestellen. Den restlichen Mais mit 2 weiteren Esslöffel Wasser in den Topf geben; salzen und pfeffern. Den Mais unter häufigem Rühren in etwa 3 Minuten knackig-zart dünsten. Den Topf vom Herd nehmen.

3   Die Mais-Zwiebel-Mischung in einen Mixer füllen, Milch und Sahne dazugeben. Kurz mixen, bis der Mais in kleine Stücke zerteilt ist. Die Hälfte der Mischung in den Topf zurückgießen, die andere Hälfte glatt mixen. Mit der Mischung im Topf verrühren und bei mittlerer Temperatur erhitzen. Rund 10 Minuten köcheln lassen, bis die Suppe leicht eindickt.

4   Die Chorizo auf 4 Teller verteilen und die Suppe darübergießen. Mit je 1 Esslöffel beiseitegestelltem Mais bestreuen und mit Chorizoöl beträufelt servieren.

KOKOS-CURRY-LINSENSUPPE

FÜR 4 PORTIONEN

2 EL **Olivenöl**

1 mittelgroße **Zwiebel**, abgezogen
und fein gehackt

2 **Knoblauchzehen**, abgezogen und
fein gehackt

2 TL **frischer Ingwer**, fein gehackt

1 EL **Currypulver**

100 g **braune** oder **grüne Linsen**,
abgespült und abgetropft

720 ml **Gemüsebrühe**

Salz

schwarzer Pfeffer, frisch gemahlen

400 ml **Kokosmilch**

frischer Koriander und
Limettenspalten zum Servieren

Wärmend, tröstend und mit absolutem Wohlfühlfaktor: Diese Worte beziehen sich auf die Kosten der Zutaten, sie treffen aber genauso gut auf die Suppe selbst zu. Linsen dienten als Instantnudeln, als es noch keine Instantnudeln gab – will heißen: Aus dieser einfachen Zutat haben Leute mit wenig Geld viel gemacht. Für diese deftige, nahrhafte Soul-Food-Mahlzeit werden die Hülsenfrüchte in einem großen Topf aromatischster Brühe gekocht. Wenig Geld zu haben hat noch nie so gut geschmeckt!

1   Das Öl in einem mittelgroßen Topf bei mittlerer Temperatur erhitzen und die Zwiebel unter häufigem Rühren rund 5 Minuten darin andünsten. Den Knoblauch dazugeben und etwa 1 Minute mitdünsten, bis er zu duften beginnt. Ingwer und Currypulver hinzufügen und alles 1 Minute weiterdünsten, bis der Curry leicht röstet.

2   Die Linsen in den Topf geben und gründlich in der Gewürzmischung wenden. Die Gemüsebrühe angießen und die Suppe großzügig salzen und pfeffern. Zum Kochen bringen. Anschließend die Hitze auf mittlere bis niedrige Temperatur reduzieren und die Suppe unter gelegentlichem Rühren rund 20 Minuten köcheln lassen, bis die Linsen gar sind. Den Topf vom Herd nehmen.

3   4 Esslöffel Kokosmilch abnehmen und beiseitestellen, die restliche Kokosmilch in die Suppe geben und unterrühren. Mit Salz und Pfeffer abschmecken.

4   Die Suppe auf 4 Teller verteilen und mit jeweils 1 Esslöffel beiseitegestellter Kokosmilch beträufeln. Mit frischem Koriander bestreuen und mit Limettenspalten servieren.

BOHNEN-BIER-CHILI

FÜR 4 PORTIONEN

2 EL **Olivenöl**

1 große **Gemüsezwiebel**, abgezogen und fein gehackt

1 **Knoblauchzehe**, abgezogen und fein gehackt

1 **Jalapeño-Chilischote**, entstielt und fein gehackt

1 EL **Kreuzkümmel**, gemahlen

1 EL **geräuchertes Paprikapulver**

1 EL **Chilipulver**

2 TL **Salz**

2 TL **schwarzer Pfeffer**, frisch gemahlen

450 g mageres **Rinderhackfleisch**

240 ml selbst gemachte **Rinderbrühe** *(Rezept siehe S. 46)* oder gekaufter **Rinderfond**

440 g **Kidneybohnen** aus der Dose, abgegossen und abgespült

440 g **Kichererbsen** aus der Dose, abgegossen und abgespült

440 g **schwarze Bohnen** aus der Dose, abgegossen und abgespült

400 g **stückige Tomaten** aus der Dose

480 ml **Stout** oder anderes Dunkelbier

Cheddar, gerieben, **Sauerrahm** und **Schnittlauchröllchen** zum Servieren

Puristen mögen einwenden, in einem echten Chili hätten Bohnen nichts zu suchen. Doch eben diese kommen ins Spiel, wenn man nicht die Zeit und das Geld hat, ein pures Fleisch-Chili den ganzen Tag lang schmoren zu lassen. Mit den Bohnen lässt sich dieses herzhafte Gericht viel schneller zubereiten – außerdem schonen sie den Geldbeutel, stecken voller pflanzlicher Proteine und verleihen dem Chili eine abwechslungsreichere Konsistenz. Überlege also zweimal, bevor du sagst: Nicht die Bohne!, denn sie ist definitiv der Gewinner eines jeden Unter-der-Woche-Kochwettbewerbs.

1 Das Öl in einem großen Topf bei mittlerer Temperatur erhitzen und die Zwiebel darin unter gelegentlichem Rühren rund 5 Minuten andünsten. Knoblauch, Chili, Kreuzkümmel, Paprikapulver, Chilipulver, Salz und Pfeffer dazugeben und alles etwa 1 Minute weiterdünsten, bis die Gewürze rösten und zu duften beginnen.

2 Das Hackfleisch hinzufügen, mit einem Holzlöffel zerkleinern und mit der Gewürzmischung verrühren. Anschließend ohne zu rühren etwa 5 Minuten braten, bis das Hackfleisch bräunt. Die Brühe bzw. den Fond angießen und mit dem Holzlöffel den Bratensatz lösen.

3 Kidneybohnen, Kichererbsen, schwarze Bohnen, Tomaten und Bier dazugeben. Alles gut verrühren und zum Kochen bringen. Die Hitze auf mittlere bis niedrige Temperatur reduzieren und das Chili zugedeckt rund 30 Minuten köcheln lassen, bis es leicht eindickt und sich die Aromen miteinander verbunden haben.

4 Das Chili auf Teller verteilen und mit geriebenem Cheddar, Sauerrahm sowie Schnittlauchröllchen garniert servieren.

DA HABEN WIR DEN
SALAT

RÖSTKAROTTEN & -BROKKOLI
MIT RANCH-JOGHURT

FÜR 2–4 PORTIONEN

In Ranch-Dressing gedipptes Gemüse ist – da sind wir uns sicherlich einig – der Himmel auf Erden. Ab einem gewissen Alter aber – hier stimmen wir vermutlich ebenfalls überein – sollten manche Gelüste besser geheim gehalten werden. Andererseits (Achtung: Life-Hack-Alarm!) sieht alles, was hübsch angerichtet ist, sofort erwachsen aus. Dieses Rezept verbindet die kindliche Vorliebe für Ranch-Dressing mit altersgerechter Klasse.

Für das Gemüse
ca. 700 g **bunte Karotten**
450 g **Brokkoli**
2 EL **Olivenöl**
½ TL **Salz**

Für den Joghurt
400 g **griechischer Joghurt**
1 TL **Schnittlauchröllchen**
1 TL **Petersilie**
1 TL **Dill**

1 TL **Zwiebelpulver**
1 TL **Knoblauchpulver**
1 TL **Salz**
½ TL **schwarzer Pfeffer**, frisch gemahlen

1 Den Backofen auf 230 °C vorheizen.

2 Für das Gemüse die Karotten unter flie-ßendem kaltem Wasser schrubben und gründlich trocknen, anschließend längs halbieren. Mit einem Sparschäler die äußere harte Schicht des Brokkolistiels entfernen und den Brokkoli mit dem Stiel dann in gleichmäßig dünne Schei-ben schneiden.

3 Karotten und Brokkolistreifen mit Oliven-öl und Salz vermengen und auf einem tiefen Backblech verteilen. Rund 20 Mi-nuten im Ofen rösten, bis das Gemüse gar und schön gebräunt ist.

4 In der Zwischenzeit für den Joghurt in einer kleinen Schüssel griechischen Joghurt, Schnittlauchröllchen, Petersilie, Dill, Zwiebelpulver, Knoblauchpulver, Salz und Pfeffer verrühren.

5 Für eine Beilage den Joghurt auf eine große Servierplatte geben und das Gemüse darauf anrichten. Für einen Vorspeisensalat den Joghurt auf Teller verteilen und das Gemüse darauf anrichten.

LIFE SKILL

Das Anrichten auf einem Bett oder Spiegel (im kulinarischen Sinn) könnte erwachsener nicht sein. Häufe zunächst mit einem großen Löffel Sauce, Püree oder worauf auch immer du alles andere anrichten willst in die Mitte des Tellers oder einer Platte. Verstreicht die Masse dann mit dem Löffelrücken nach außen, was ein schönes Muster ergibt.

AUFGEBREZELTER AVOCADOSALAT

FÜR 2–4 PORTIONEN

Für den Salat

440 g **Kichererbsen** aus der Dose, abgegossen und abgespült

1 EL **Olivenöl**

¼ TL **Salz**

¼ mittelgroße **rote Zwiebel**, abgezogen und in dünne Scheiben geschnitten

60 ml **Rotweinessig**

2 große **Romanasalatherzen**, halbiert und in Blätter getrennt

275 g **Kirschtomaten**, halbiert

2 **Avocados**, halbiert, entsteint, geschält und in Scheiben geschnitten

225 g **Feta**, in Würfel geschnitten

Für das Dressing

5 EL **Olivenöl**

1 EL **Dijonsenf**

½ TL **getrockneter Oregano**

½ TL **Salz**

Ofengebackene Kichererbsen sind die knusprigen kleinen Champions eines jeden Salats, sie verleihen ihm einen herrlich herzhaften Crunch. Weiterhin aufgebrezelt wird dieser Salat mit rasch eingelegten Zwiebeln, aromatischen Kirschtomaten, cremigen Avocados, salzigem Feta und einem *selbst gemachten* Dressing (Kinder machen ihr Dressing nicht selbst, nur Erwachsene tun das!), das eine scharfe Note beisteuert. Mach dich auf eine wahre Geschmacksexplosion auf der Zunge gefasst!

1   Den Backofen auf 230 °C vorheizen.

2   Für den Salat die Kichererbsen mit Küchenpapier trocken tupfen. Mit Olivenöl und Salz vermengen und auf einem tiefen Backblech verteilen. Rund 20 Minuten im Ofen backen, bis die Kichererbsen bräunen und knusprig sind. Aus dem Ofen nehmen und beiseitestellen.

3   In der Zwischenzeit Zwiebelscheiben und Rotweinessig in eine kleine Schüssel geben und die Zwiebeln etwas in dem Essig marinieren.

4   Für das Dressing Olivenöl, Senf, Oregano und Salz in einer weiteren kleinen Schüssel verrühren.

5   Die Romanasalatblätter auf einer großen Servierplatte anrichten und Tomatenhälften, Avocadoscheiben, Fetawürfel, marinierte Zwiebelscheiben sowie die knusprigen Kichererbsen darauf verteilen. Mit dem Dressing beträufeln und sofort servieren.

LIFE SKILL

Die einfachste Form des Einlegens besteht darin, etwas mit Essig zu bedecken, wie es hier mit den Zwiebeln geschieht. Bei der aufwendigeren Variante wird das Gemüse gekocht und in Salzlake eingelegt. Für die 15- bis 30-minütige Kurzfassung eignet sich nicht nur jede Essigsorte, sondern darüber hinaus auch Zitronen- oder Limettensaft. Eingelegt werden können so auch Schalotten-, Gurken-, Karotten- und Radieschenscheiben.

ROGGENBROT-PANZANELLA

FÜR 2 PORTIONEN

120 ml **Olivenöl**

2 Scheiben **Roggenbrot**, ca. 2½ cm dick, in Würfel geschnitten

3 mittelgroße **Tomaten**, in ca. 2½ cm große Würfel geschnitten

Fleur de Sel bzw. **Salz**

1 kleine **Schalotte**, abgezogen und fein gehackt

1 **Knoblauchzehe**, abgezogen und fein gehackt

¼ TL **Kreuzkümmelsamen**

¼ TL **Kümmelsamen**

¼ TL **Fenchelsamen**

10 g **frische Basilikumblätter**

15 g **frische Petersilie**

1 EL **Rotweinessig**

schwarzer Pfeffer, frisch gemahlen

In die Panzanella, einen italienischen Brotsalat, kommt traditionellerweise altbackenes Brot. Es ist zwar sehr erwachsen, nichts verkommen zu lassen, doch gibt es etwas, das in einer Panzanella noch besser schmeckt als altes Brot: geröstetes Brot – knusprige Croûtons, die sich mit aromatischem Olivenöl und dem Saft frischer Tomaten vollsaugen. Der säuerliche Geschmack von Roggenbrot und die Gewürze, die die anderen Aromen zur Geltung bringen, peppen das Ganze noch mehr auf. Dieser kinderleichte Salat schmeckt viel komplexer, als er tatsächlich ist.

1   Das Öl in einer großen Pfanne bei mittlerer bis hoher Temperatur erhitzen und das Brot in einer Schicht gleichmäßig darin verteilen. In dem Öl etwa 2 Minuten goldbraun und knusprig braten, dann wenden und auf der anderen Seite ebenfalls 2 Minuten braten. Die Croûtons in eine große Servierschüssel füllen, dabei das Öl in der Pfanne belassen. Die Tomaten zu den Brotwürfeln geben, vermengen und großzügig mit Fleur de Sel bzw. Salz würzen.

2   Die Pfanne wieder auf den Herd stellen und die Hitze auf niedrige Temperatur reduzieren. Schalotte, Knoblauch, Kreuzkümmel-, Kümmel- und Fenchelsamen in die Pfanne geben und etwa 1 Minute rösten, bis die Gewürze zu duften beginnen. Die Mischung zum Brot und zu den Tomaten in die Schüssel geben, Basilikum, Petersilie, Rotweinessig sowie großzügig Pfeffer hinzufügen, alles noch einmal gründlich vermengen und servieren.

CAESAR COBB SALAD
MIT HUHN

FÜR 2 PORTIONEN

Für das Dressing

140 g **griechischer Joghurt**

25 g **Parmesan**, gerieben

4 **Sardellenfilets**, fein gehackt

1 **Knoblauchzehe**, abgezogen und
fein gerieben

1 EL **Zitronensaft**, frisch gepresst

2 TL **Dijonsenf**

½ TL **Salz**

½ TL **schwarzer Pfeffer**,
frisch gemahlen

Für den Salat

2 **Eier** (Größe L)

2 dicke Scheiben **Bacon**

225 g **Hähnchenbrust**,
ohne Knochen und ohne Haut

Salz

200 g **junger Grünkohl**

1 **Fleischtomate**, in Würfel
geschnitten

1 **Avocado**, halbiert, entsteint,
geschält und in Würfel geschnitten

schwarzer Pfeffer, frisch gemahlen

55 g **Parmesan**

Caesar Salad kann köstlich oder auch ziemlich deprimierend sein, wenn man nur ein paar fade Romanasalatblätter, ein bisschen gehobelten Parmesan und eine Handvoll steinharte Croûtons vor sich hat. Dagegen ist sein älterer Bruder, der Cobb Salad, ein echter Angeber, der mit Huhn, Bacon und Eiern alles auf den Teller packt, das irgendwie draufpasst. Warum also nicht das Beste vom Caesar Salad nehmen – das Dressing und den Käse – und es zum Cobb Salad geben, zu dem Salat, bei dem wirklich jeder auf seine Kosten kommt?

1   Für das Dressing Joghurt, geriebenen Parmesan, Sardellen, Knoblauch, Zitronensaft, Senf, Salz und Pfeffer in einer kleinen Schüssel verrühren.

2   Für den Salat eine mittelgroße Schüssel mit etwa 1 Liter Eiswasser füllen und in einem mittelgroßen Topf Wasser bei hoher Temperatur zum Kochen bringen. Die Eier 7 Minuten in dem heißen Wasser kochen, anschließend sofort ins Eiswasser geben und dort rund 5 Minuten abkühlen lassen. Die Eier pellen und unter fließendem kaltem Wasser eventuelle Reste der Eierschalen abspülen.

3   Eine mittelgroße Pfanne bei mittlerer bis niedriger Temperatur erhitzen. Den Bacon 5 bis 8 Minuten unter gelegentlichem Wenden darin braten, bis er braun und knusprig ist. Auf Küchenpapier geben und abtropfen lassen.

4   Die Hitze auf mittlere bis hohe Temperatur erhöhen. Die Hähnchenbrust auf beiden Seiten mit Salz würzen und in das ausgelassene Baconfett geben. Etwa 9 Minuten darin braten, bis das Fleisch auf einer Seite schön gebräunt ist. Wenden und 6 bis 8 Minuten weiterbraten, bis das Fleisch gar ist. Anschließend auf ein Schneidbrett legen.

5   Den Grünkohl auf einer großen Servierplatte verteilen und darauf an einem Ende die Tomaten- und am anderen Ende die Avocadowürfel anrichten. Die Eier halbieren und in der Mitte der Platte anrichten. Den Bacon grob zerkleinern und auf eine Seite der Eier geben. Die Hähnchenbrust in Scheiben schneiden und auf der anderen Seite der Eier anrichten. Den Salat großzügig mit Pfeffer würzen und mit dem Dressing beträufeln. Mit einem Sparschäler den Parmesan in Streifen hobeln und diese auf dem Salat verteilen. Sofort servieren.

LIFE SKILL

Eier zu kochen ist so einfach, wie Wasser zu kochen (und Eier hineinzugeben). 7 Minuten Kochzeit ergeben ein wachsweiches Eigelb, bei 10 Minuten Kochzeit sind die Eier hart gekocht. Das Abschrecken im Eiswasser unterbricht den Garprozess und erleichtert das Pellen – lass den Schritt also nicht aus.

KRÄUTERSALAT
MIT SÄUERLICHEM JOGHURTDRESSING

FÜR 2–4 PORTIONEN

Für das Dressing

3 **Knoblauchzehen**, abgezogen

1 mittelgroße **Schalotte**, abgezogen

1 EL **Olivenöl**

¾ TL **Salz**

280 g **griechischer Joghurt**

1 EL **Zitronensaft**, frisch gepresst

1 EL **Weißweinessig**

¼ TL **schwarzer Pfeffer**,
  frisch gemahlen

Für den Salat

130 g **Kopfsalat**

10 g **frische Basilikumblätter**

15 g **frische Minzeblätter**

30 g **frische Petersilie**, vom Stiel
  gezupft

3 g **frischer Dill**, vom Stiel gezupft

10 **frische Schnittlauchhalme**, in
  ca. 2½ cm lange Stücke geschnitten

60 g **Walnüsse**, gehackt

Kräuter müssen häufig die zweite Geige spielen und als Feinschliff die anderen Aromen akzentuieren. Und das obwohl sie ebenso häufig allein dafür sorgen, dass sich ein einfaches Gericht zu ungeahnten Höhen aufschwingt. Tatsächlich sind Kräuter ebenso wichtig wie jedes andere Gemüse im Garten. Unser cremiges, knoblauchhaltiges und säuerliches Dressing bildet die perfekte Grundlage für ein wahres Kaleidoskop an kräutrigen Tönen, die in diesem Salat einmal verdienterweise die Hauptrolle spielen und Salat allgemein in neuem Licht erscheinen lassen.

1   Den Backofen auf 230 °C vorheizen.

2   Für das Dressing 2 Knoblauchzehen, die Schalotte, das Olivenöl, ¼ Teelöffel Salz und 1 Esslöffel Wasser auf ein Stück Alufolie geben. Diese zu einem festen Päckchen formen und für 30 Minuten in den Ofen legen, bis die Schalotte und der Knoblauch weich sind.

3   Den Inhalt des Alufolienpäckchens in die Küchenmaschine bzw. in den Mixer geben. Die dritte Knoblauchzehe sowie Joghurt, Zitronensaft, Weißweinessig, Pfeffer und das restliche Salz hinzufügen und alles in etwa 1 Minute glatt mixen.

4   Für den Salat Kopfsalat und Kräuter in eine große Schüssel geben, vermengen und anschließend auf einer Servierplatte verteilen.

5   Eine mittelgroße Pfanne bei mittlerer bis niedriger Temperatur erhitzen und die Walnüsse unter häufigem Wenden rund 2 Minuten darin anrösten, bis sie zu duften beginnen. Die Pfanne vom Herd nehmen.

6   Das Dressing über den Salat geben und den Salat mit den Walnüssen bestreut sofort servieren.

LIFE SKILL

In kleinen Mengen lassen sich Nüsse oder Samen am besten auf dem Herd anrösten. Dafür eine robuste Pfanne ohne Öl bei mittlerer bis niedriger Temperatur erhitzen und die Nüsse hineingeben. Sie sollten konstant bewegt werden, sonst brennen sie an – und zwar sehr schnell! Sie sind fertig, wenn sie schön gebräunt sind und zu duften beginnen. Dann die Pfanne vom Herd nehmen und die Nüsse zum Abkühlen in eine kleine Schüssel füllen.

TOMATEN-HALLOUMI-SALAT

FÜR 4 PORTIONEN

675 g **Tomaten**, in ca. 1 cm
dicke Scheiben geschnitten

Fleur de Sel bzw. **Salz**

1 EL **Sesamsamen**

2 EL **Olivenöl**

225 g **Halloumi**, in ca. ½ cm
dicke Scheiben geschnitten

2 große Zweige **frischer Oregano**,
davon die abgezupften Blätter

1 **Zitrone**, halbiert

Das Beste am Erwachsensein ist, dass man nun in gutes Obst und Gemüse investieren kann. Und davon das Beste sind gute Tomaten. Das Beste am Salzen großer Scheiben guter Tomaten ist, dass sie dann einen herrlich säuerlichen Saft abgeben, der sich über den ganzen Teller verteilt. Und das Beste an einem Salat aus gesalzenen guten Tomaten ist, dass er sein Dressing praktisch schon selbst mitbringt. Klar so weit? Dann noch Folgendes: Ein bisschen gutes Olivenöl verleiht dem Salat Tiefe, ein bisschen Zitrone gleicht die Üppigkeit des gebratenen Halloumi aus, und Oregano sowie Sesam warten mit weiteren herzhaften Noten auf. Was will man mehr?

1 Die Tomaten auf einer Servierplatte anrichten und großzügig mit Fleur de Sel bestreuen (**A**). Etwa 10 Minuten ziehen lassen, bis sie ihren Saft abgeben.

2 In der Zwischenzeit eine kleine Pfanne bei mittlerer Temperatur erhitzen und die Sesamsamen darin unter ständigem Rühren rund 2 Minuten rösten, bis sie zu duften beginnen (**B**). Die Samen anschließend in eine kleine Schüssel geben.

3 Das Öl bei mittlerer Temperatur in der Pfanne erhitzen und den Halloumi darin 1 bis 2 Minuten auf jeder Seite braten, bis der Käse schön gebräunt ist (**C**).

4 Die Pfanne vom Herd nehmen und den Oregano hineingeben. Den Saft von ½ Zitrone dazugeben (**D**), den Saft der anderen Zitronenhälfte über die Tomaten träufeln. Den Halloumi um die Tomaten herum anrichten und den Salat mit dem Öl aus der Pfanne beträufeln sowie mit dem Oregano bestreuen. Mit den gerösteten Sesamsamen garniert servieren.

A

B

C

D

SALAT MIT ZERDRÜCKTEN GURKEN

FÜR 4 PORTIONEN

2 mittelgroße **Salatgurken**

1 EL **rote Zwiebel**, abgezogen und fein gehackt

1 EL **Sesamsamen**

1 TL **Zucker**

1 TL **Sojasauce**

1 TL **Reisessig**

½ TL **geröstetes Sesamöl**

½ TL **Salz**

½ TL **Chiliflocken**

Durch das Zerdrücken der Gurken kann das Gemüse ungleich mehr Aromen aufnehmen. Da Gurken zu 95 Prozent aus Wasser bestehen (kein Scherz), lautet die Gleichung: Zerdrücken = Aroma rein + Wasser raus. Je länger dieser Salat also zieht, desto leckerer wird er, während sich die Aromen miteinander verbinden, gegenseitig intensivieren und in der Schüssel sammeln. Er passt besonders gut zu deftigen, scharfen Gerichten wie Skirt Steak mit Gochujang & Sesam *(siehe S. 120)*, denen er eine leichtere Note verleiht.

1   Die Gurken auf ein Schneidbrett legen und mit einem Nudelholz an mehreren Stellen auf sie schlagen. Die Gurken anschließend in mundgerechte Stücke schneiden und diese in eine Servierschüssel geben.

2   Zwiebel, Sesamsamen, Zucker, Sojasauce, Reisessig, Sesamöl, Salz und Chiliflocken in einer kleinen Schüssel zu einem Dressing verrühren. Über die Gurkenstücke gießen und alles gründlich vermengen.

3   Den Salat vor dem Servieren mindestens 15 Minuten ziehen lassen oder in einem luftdicht verschlossenen Behälter bis zu 12 Stunden zum Marinieren in den Kühlschrank stellen.

KARTOFFELSALAT
MIT SAUERRAHM & ZWIEBELN

FÜR 2–4 PORTIONEN

120 ml + 2 EL **Olivenöl**

1 mittelgroße **Zwiebel**, abgezogen, halbiert und in feine Scheiben geschnitten

Salz

schwarzer Pfeffer, frisch gemahlen

1 **Knoblauchzehe**, abgezogen

450 g **Frühkartoffeln**, halbiert

120 g **Sauerrahm**

2 TL **Dijonsenf**

2 TL **Zwiebelpulver**

1 Bund **frischer Schnittlauch**, in feine Röllchen geschnitten

1 kleine **Schalotte**, abgezogen und in feine Scheiben geschnitten

Durch die karamellisierte Zwiebel und die knusprige Röstschalotte lässt sich dieser wunderbare Salat irgendwo zwischen Zwiebeldip, Kartoffelsalat und Sour-Cream-and-Onion-Chips einordnen – im Grunde alles lieb gewonnene Aromen, versammelt in einer Schüssel.

1   2 Esslöffel Olivenöl in einer mittelgroßen Pfanne bei mittlerer Temperatur erhitzen. Die Zwiebel hineingeben und großzügig mit Salz und Pfeffer würzen. 30 bis 40 Minuten schmoren lassen, dabei häufig mit einem Holzlöffel umrühren und den Bratensatz vom Pfannenboden lösen. Bei Bedarf kleine Spritzer Wasser hinzufügen und die Hitze auf niedrige Temperatur reduzieren, sollte die Zwiebel zu rasch bräunen.

2   Die Knoblauchzehe in die karamellisierte Zwiebel reiben. Alles gut verrühren und beiseitestellen.

3   In der Zwischenzeit Wasser in einen großen Topf geben, salzen und bei hoher Temperatur zum Kochen bringen. Die Kartoffeln 10 bis 15 Minuten darin garen, bis sie an einem hineingesteckten Messer nicht mehr hängen bleiben. Abgießen.

4   Die Kartoffeln wieder in den Topf geben. Sauerrahm, Senf, Zwiebelpulver, die Hälfte des Schnittlauchs und die karamellisierte Zwiebel dazugeben und alles gut vermengen. Beiseitestellen und ziehen lassen.

5   Das restliche Olivenöl in einen kleinen Topf geben und die Schalotte darin bei mittlerer bis niedriger Temperatur unter gelegentlichem Rühren 15 bis 20 Minuten braten, bis die Schalottenringe goldbraun und knusprig sind. Mit einem Spinnensieb oder Schaumlöffel herausheben und auf Küchenpapier abtropfen lassen. Sofort leicht mit Salz bestreuen.

6   Den Kartoffelsalat in eine Servierschüssel füllen und mit der Röstschalotte sowie dem restlichen Schnittlauch garniert servieren.

PASTA
LA VISTA

SPAGHETTI
MIT FLEISCHBÄLLCHEN
WIE BEI OMA

FÜR 4 PORTIONEN

Die Großmütter auf der ganzen Welt wollen uns weismachen, dass Fleischbällchen und Tomatensauce komplizierte, mysteriöse Dinge sind, die man dem Himmel nur mit faltigen Händen und viel, viel Liebe abschmeicheln kann. In Wirklichkeit aber gibt es dafür eine ganz einfache Formel: (frische Zutaten + Sorgfältigkeit) x Geduld = leckeres Essen. Mit dieser Formel kannst auch du die perfekten Fleischbällchen zubereiten. Nimm dir Zeit, genieße die Reise, schmecke ab. Genau darum geht es beim erwachsenen Kochen, mit dem du ab heute eigene Sonntagskochgeschichte schreiben kannst.

Für die Sauce

800 g **ganze geschälte Tomaten** aus der Dose

60 ml **Olivenöl**

4 **Knoblauchzehen**, abgezogen und zerdrückt

1 Stängel **frisches Basilikum**

Salz

schwarzer Pfeffer, frisch gemahlen

Für die Fleischbällchen

2 Scheiben **Weißbrot** ohne Rinde

120 g **Buttermilch**

25 g **Parmesan**, gerieben

15 g **frische Petersilie**

1 **Knoblauchzehe**, abgezogen

2 **Eigelbe** (von Eiern Größe L)

1 TL **Salz**

½ TL **schwarzer Pfeffer**, frisch gemahlen

½ TL **getrockneter Oregano**

½ TL **Muskatnuss**, frisch gerieben

½ TL **Kreuzkümmel**, gemahlen

½ TL **geräuchertes Paprikapulver**

¼ TL **Chiliflocken**

450 g mageres **Rinderhackfleisch**

2 EL **Olivenöl**

Für die Spaghetti

1 EL **Salz**

450 g **Spaghetti**

50 g **Parmesan**, gerieben

1 Stängel **frisches Basilikum**

1 Für die Sauce die Tomaten aus der Dose mitsamt Saft in eine große Schüssel geben und mit sauberen Händen sanft zerkleinern (**A**).

2 Die zerdrückten Tomaten mitsamt Saft, Olivenöl, Knoblauch, Basilikum sowie großzügig Salz und Pfeffer in einen großen Topf geben und bei mittlerer Temperatur zum Kochen bringen. Anschließend unter gelegentlichem Rühren 15 Minuten köcheln lassen, bis die Sauce leicht eindickt (**B**). Mit Salz und Pfeffer abschmecken. Die Sauce wieder in die Schüssel füllen, den Basilikumstängel herausfischen und entsorgen und den Topf auswischen.

3 Für die Fleischbällchen Brot und Buttermilch in die Küchenmaschine bzw. den Mixer geben und das Brot in der Milch etwa 5 Minuten einweichen. Parmesan, Petersilie, Knoblauch, Eigelbe, Salz, Pfeffer, Oregano, Muskatnuss, Kreuzkümmel, Paprikapulver und Chiliflocken hinzufügen und glatt mixen (**C**). Die Mischung mit dem Hackfleisch in eine große Schüssel geben, mit sauberen Händen rasch vermengen und zu 8 Bällchen formen (**D**).

4 Das Olivenöl in dem ausgewischten Topf bei mittlerer bis hoher Temperatur erhitzen und die Fleischbällchen darin unter häufigem Wenden etwa 10 Minuten braten, bis sie rundum gebräunt sind (**E**).

5 Die Sauce wieder in den Topf gießen und die Hitze auf mittlere bis niedrige Temperatur reduzieren. Mit einem Holzlöffel den Bratensatz vom Topfboden lösen. Sauce und Fleischbällchen unter gelegentlichem Wenden der Bällchen gemeinsam köcheln lassen (**F**), während die Nudeln garen.

6 Für die Spaghetti in einem großen Topf 3 Liter Wasser bei hoher Temperatur zum Kochen bringen. Salz und Spaghetti hineingeben und die Nudeln nach Packungsanweisung al dente kochen. Abgießen und auf einer großen Servierplatte verteilen. Die Fleischbällchen daraufgeben und alles mit Sauce bedecken. Mit Parmesan bestreut und mit Basilikum garniert servieren.

LIFE SKILL

»Al dente« ist italienisch und heißt so viel wie »auf den Zahn« oder, auf gut Deutsch, »mit Biss«. Dabei werden die Nudeln so lange gegart, bis sie weich sind, aber eben noch Biss haben.

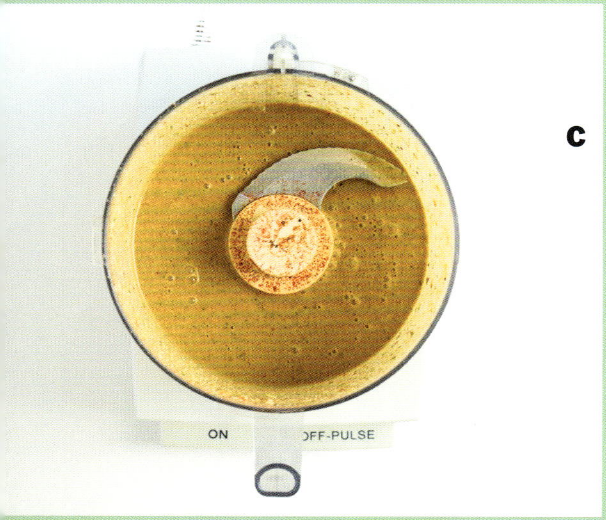

DAS ULTIMATIVE
SELBST GEMACHTE PESTO

FÜR CA. 360 G

45 g **Pinienkerne**
2 **Knoblauchzehen**, abgezogen
180 ml **Olivenöl**
50 g **Parmesan**, gerieben
1 TL **Salz**
80 g **frische Basilikumblätter**

Gibt es irgendetwas, das ein gutes Pesto nicht kann? Es peppt gebratenes Gemüse und Fleisch auf und ist mit das Beste, in das man knuspriges Brot dippen kann – kurzum: Pesto ist der Superheld unter den Dips und Saucen! Zu absoluter Höchstform läuft es auf, wenn es mit Nudeln kombiniert wird: Buchstäblich *jede* Nudel wird zur Köstlichkeit, sobald der grüne Alleskönner an ihr haftet. Außerdem lässt sich Pesto wunderbar einfrieren und rettet dich, wenn es mal wieder Zeit fürs Abendessen ist, du aber noch keinen Plan hast. Pesto ist das perfekte Ass im Ärmel und ein unverzichtbarer Baustein für viele leckere Mahlzeiten.

1   Eine kleine Pfanne bei mittlerer Temperatur erhitzen. Pinienkerne sowie Knoblauch hineingeben und unter gelegentlichem Rühren etwa 3 Minuten rösten, bis die Pinienkerne goldbraun sind und der Knoblauch zu duften beginnt. Die Mischung in die Küchenmaschine bzw. den Mixer füllen.

2   Olivenöl, Parmesan und Salz dazugeben und in etwa 1 Minute zu einer glatten Paste verarbeiten. Das Basilikum hinzufügen und fein hacken.

3   In einem luftdicht verschlossenen Behälter hält sich das Pesto im Kühlschrank bis zu 1 Woche. Alternativ kann es in einer Eiswürfelform eingefroren und anschließend in Gefrierbeutel gegeben werden; so hält es sich im Tiefkühlfach bis zu 6 Monate. Für 450 Gramm ungekochte Nudeln brauchst du 4 Pestowürfel, für 1 Portion gekochte Nudeln 1 Pestowürfel.

CACIO E PEPE

FÜR 2 PORTIONEN

1 EL **Salz**

225 g **Spaghetti**

½ EL **schwarzer Pfeffer**, frisch gemahlen

4 EL **Butter**

65 g **Parmesan**, gerieben

»Cacio e Pepe« ist italienisch und heißt wörtlich übersetzt »Käse und Pfeffer«. Und mehr gibt es zu diesem Gericht eigentlich auch nicht zu sagen. Na gut: Butter, Salz und Nudeln kommen auch noch rein. Ach ja, und Wasser. Aber das war's dann wirklich. Alles, was du dafür brauchst, hast du wahrscheinlich schon im Vorrats- oder Kühlschrank. Der Zeitaufwand beträgt nur ein paar Minuten mehr, als es dauert, Wasser zum Kochen zu bringen. Kaum zu glauben, dass dabei etwas so irre Leckeres entsteht. Brauchst du wirklich noch mehr Argumente? Ab in die Küche!

1 In einem großen Topf 3 Liter Wasser zum Kochen bringen. Salz und Nudeln hineingeben, umrühren. Die Spaghetti 2 Minuten weniger garen, als in der Packungsanleitung für al dente angegeben ist. 1 Tasse Kochwasser abnehmen, anschließend die Nudeln abgießen.

2 Eine große Pfanne bei mittlerer Temperatur erhitzen. Den Pfeffer hineingeben und unter Rühren etwa 1 Minute anrösten, bis er zu duften beginnt. Die Butter dazugeben, zerlassen und mit dem Pfeffer verrühren.

3 Die Hälfte des abgenommenen Kochwassers in die Pfanne gießen und zum Köcheln bringen. Die Spaghetti in die Pfanne geben und mithilfe einer Zange in der Buttermischung wenden. Die Hitze auf niedrige Temperatur reduzieren und die Hälfte des Parmesans zu den Nudeln geben. Mit der Zange 1 bis 2 Minuten unter die Spaghetti heben, bis sich eine dicke Sauce bildet. Den restlichen Parmesan unterrühren. Wird die Sauce zu dick, noch etwas Kochwasser angießen. Sobald die Spaghetti al dente sind, auf Teller verteilen und servieren.

ZITI AL LIMONE MIT HUHN

FÜR 6–8 PORTIONEN

Für das Huhn

1 EL **Olivenöl**

450 g **Hähnchenbrust**, ohne Knochen und ohne Haut und in ca. 2½ cm große Stücke geschnitten

Salz

schwarzer Pfeffer, frisch gemahlen

70 g **Grünkohl**, gehackt

Für die Ziti

1 EL **Salz**

450 g **Ziti**

60 g **Sahne**

2 **Knoblauchzehen**, abgezogen und gerieben oder fein gehackt

abgeriebene Schale und Saft von 1 **Bio-Zitrone**

4 EL kalte **Butter**

50 g **Parmesan**, gerieben

LIFE SKILL

Es mag seltsam erscheinen, Wasser in eine fast fertige Sauce zu rühren, doch steckt Nudelkochwasser voller Salz und Stärke. Damit dickt es die Sauce an, macht sie seidig glatt und gibt ihr noch den letzten Würzschliff.

Du hast noch nie *Pasta al limone* gegessen?? Nicht dein Ernst?! Das musst du unbedingt nachholen! Wir stellen das traditionell schlichte Butter-Zitronen-Spaghetti-Gericht auf den Kopf und verwenden Ziti – längliche, glatte, röhrenförmige Nudeln –, die wir mit Grünkohl und Huhn kombinieren. Das alles wird mit einer sahnig-zitronigen Sauce überzogen, die bei jedem Bissen für eine wahre Geschmacksexplosion sorgt.

1 Das Öl in einer großen Pfanne bei mittlerer bis hoher Temperatur erhitzen. Das Fleisch hineingeben und mit Salz sowie Pfeffer würzen. 6 bis 8 Minuten unter gelegentlichem Wenden braten. Den Grünkohl sowie 1 weitere Prise Salz hinzufügen und etwa 2 Minuten mitbraten, bis der Grünkohl zusammenfällt. Die Mischung auf einen Teller geben.

2 In einem großen Topf 3 Liter Wasser bei hoher Temperatur zum Kochen bringen. Das Salz sowie die Ziti hineingeben und die Nudeln nach Packungsanweisung al dente garen, den Topf aber 2 Minuten vor Ende der Garzeit vom Herd nehmen. 1 Tasse Kochwasser abnehmen, dann die Ziti abgießen und beiseitestellen.

3 Die Pfanne bei mittlerer bis niedriger Temperatur erneut erhitzen und Sahne, Knoblauch, Zitronenschale sowie 1 Prise Salz hineingeben. Verrühren und in etwa 2 Minuten zum Köcheln bringen. Die Butter esslöffelweise hinzufügen und portionsweise mit der Sahnemischung verrühren. Mit jedem Esslöffel Butter wird die Sauce sahniger und dicker werden.

4 Fleisch, Grünkohl und Nudeln in die Pfanne geben und alles gründlich vermengen. Die Hälfte des abgenommenen Kochwassers angießen und mit dem Parmesan unter die Mischung rühren. Die Pfanne mehrmals schwenken, damit sich alles gut miteinander verbindet. Bei Bedarf mehr Kochwasser angießen. Die Pfanne vom Herd nehmen, den Zitronensaft unter die Nudeln rühren und sofort servieren.

RICOTTAKLÖSSCHEN
MIT BRAUNER BUTTER & SALBEI

FÜR 4 PORTIONEN

1 **Ei** (Größe L)

250 g **Ricotta**

25 g **Parmesan**, gerieben

¼ TL **Muskatnuss**, frisch gerieben

1 EL + ¾ TL **Salz**

110 g **Mehl** + etwas mehr für das Bestäuben des Küchenbretts

4 EL **Butter**

8 **frische Salbeiblätter**

Die bauschig-zierlichen, in nussiger brauner Butter schwimmenden Klößchen erinnern an Ravioli, die weggelaufen sind und ihre Füllung zurückgelassen haben. Man muss die Klößchen rasch und mit Fingerspitzengefühl formen, ansonsten aber ist das Gericht kinderleicht und im Handumdrehen fertig – ideal für ein Abendessen unter der Woche, bei dem auch Reste verwertet werden können.

1   In einer mittelgroßen Schüssel Ei, Ricotta, Parmesan, Muskatnuss und ¼ Teelöffel Salz verrühren. Das Mehl einrieseln lassen (**A**) und kurz mit der Mischung vermengen (**B**).

2   Ein ausreichend großes Küchenbrett oder ein Backblech leicht mit Mehl bestäuben. Mit einem Esslöffel 1 Portion Teig abnehmen und diese mit feuchten Händen zu einer Kugel formen (**C**). Das Klößchen auf das bemehlte Backblech legen und mit dem restlichen Teig ebenso verfahren, bis etwa 16 Klößchen erstanden sind. Diese noch einmal leicht mit Mehl bestäuben.

3   In einem großen Topf 3 Liter Wasser und 1 Esslöffel Salz bei hoher Temperatur zum Kochen bringen.

4   In der Zwischenzeit die Butter in einer großen Pfanne bei mittlerer bis niedriger Temperatur zerlassen und unter häufigem Rühren 5 bis 6 Minuten garen, bis sie zu schäumen aufhört und goldbraune Stellen aufweist (**D**). Die Salbeiblätter sowie das restliche Salz hineingeben (**E**) und die Pfanne vom Herd nehmen.

5   Die Klößchen mit einem Spinnensieb oder Schaumlöffel vorsichtig ins kochende Wasser geben (**F**). Unter gelegentlichem Rühren etwa 5 Minuten köcheln lassen, bis die Klößchen gar sind.

6   Die Klößchen mithilfe des Spinnensiebs oder Schaumlöffels aus dem Wasser heben und in die Pfanne geben. Bei mittlerer Temperatur in der Butter schwenken.

7   Die Klößchen auf 4 Teller verteilen und die braune Butter mit dem Salbei darübergießen.

A

B

C

D

E

F

ZOODLES MIT GARNELEN

FÜR 4 PORTIONEN

450 g küchenfertige **Garnelen**

2 EL **Olivenöl**

3 **Knoblauchzehen**, abgezogen und in feine Scheiben geschnitten

1 TL **Salz**

½ TL **schwarzer Pfeffer**, frisch gemahlen

¼ TL **Chiliflocken**

450 g **Zoodles** (Zucchininudeln)

Saft von 1 **Zitrone**

4 EL **Butter**

2 EL **frische Petersilie**, gehackt

Wir geben es ungern zu, aber manchmal – wirklich nur manchmal, also eigentlich fast nie! – geht einfach kein einziges Kohlenhydrat mehr. Wahrscheinlich gehört es zum Erwachsenwerden dazu, seine Grenzen zu kennen. Aber zum Glück gibt es ja Zoodles, den so ganz anderen, aber extrem leckeren Ersatz für Nudeln, der nichts anderes ist als in Spaghettiform geschnittene Zucchini. Die findet man heute sogar in der Kühlabteilung gut sortierter Supermärkte. Insbesondere wenn man sie mit einer zitronigen Sauce und zartrosa Garnelen kombiniert, hat man das Gefühl, einen Salat zum Abendessen gehabt zu haben, wo es doch eigentlich Pasta war. (Na gut: Eigentlich hatte man tatsächlich einen Salat …)

1 Die Garnelen in eine große Schüssel geben. 1 Esslöffel Olivenöl, Knoblauch, Salz, Pfeffer sowie Chiliflocken dazugeben und alles gründlich vermengen. Mit Klarsichtfolie bedecken und 30 Minuten bei Zimmertemperatur oder bis zu 1 Stunde im Kühlschrank ziehen lassen.

2 In der Zwischenzeit das restliche Olivenöl in einer großen Pfanne bei mittlerer Temperatur erhitzen und die Zoodles darin 2 bis 3 Minuten braten, bis sie gar, aber noch al dente sind. In ein Sieb geben und die Pfanne auswischen.

3 Die Pfanne erneut bei mittlerer bis hoher Temperatur erhitzen. Vorsichtig die Garnelen mitsamt der Marinade hineingeben. Die Garnelen etwa 2 Minuten braten, dabei einmal wenden, bis sie zartrosa sind. Mit einer Zange herausnehmen und auf einen Teller legen. Den Knoblauch noch etwa 1 Minute weitergaren, bis er Farbe annimmt. Zitronensaft und Butter dazugeben und rund 4 Minuten in der Pfanne schwenken, bis die Butter geschmolzen ist und die Sauce leicht eindickt.

4 Die Zoodles in die Pfanne geben und mit der Buttersauce vermengen. Die Garnelen mitsamt ausgetretenem Saft ebenfalls wieder in die Pfanne geben. Alles weitere 2 Minuten garen, bis die Garnelen kräftig rosa und die Zutaten mit Sauce überzogen sind. Die Pfanne vom Herd nehmen und die Petersilie über das Gericht streuen. Sofort servieren.

NUDELSALAT
MIT GEMÜSE-OVERLOAD

1 mittelgroße **rote Zwiebel**, abgezogen und fein gehackt

275 g **Kirschtomaten**, halbiert

1 Kopf **Brokkoli**, in Röschen geteilt

120 ml + 2 EL **Olivenöl**

1 EL + ½ TL **Salz**

¼ TL **schwarzer Pfeffer**, frisch gemahlen

450 g **Fusilli**

150 g **TK-Erbsen**

4 **Frühlingszwiebeln**, in feine Ringe geschnitten

1 **gelbe Paprikaschote**, entkernt und gewürfelt

15 g **frische Minzeblätter**

10 g **frische Basilikumblätter**

abgeriebene Schale und Saft von 1 **Bio-Zitrone**

2 **Knoblauchzehen**, abgezogen und fein gehackt

60 ml **Rotweinessig**

1 TL **Chiliflocken**

Zu den unguten Erinnerungen an schlechten Nudelsalat gehören scharfe rote Zwiebeln, die den restlichen Zutaten die Show stehlen, geschmacksneutrale Tomaten, die lediglich die Menge des Salats vergrößern, und Mayonnaise, von der man nicht weiß, wie lange sie schon »zieht«. Bei diesem guten – erwachsenen – Nudelsalat hingegen lernt die Zwiebel, was Teamwork ist, verdienen sich im Ofen geröstete Tomaten ihren Platz in einem Salat, der nicht Tomatensalat heißt, und hüllt warme Knoblauchvinaigrette alles in ein Aroma, das für ganz neue Erinnerungen sorgen und bei längerem Ziehen sogar noch besser wird.

1   Den Backofen auf 230 °C vorheizen. Kaltes Wasser in eine kleine Schüssel füllen und die Zwiebel hineingeben. Beiseitestellen.

2   Kirschtomaten, Brokkoliröschen, 2 Esslöffel Olivenöl, ½ Teelöffel Salz und Pfeffer in eine große Schüssel geben. Gründlich vermengen und anschließend gleichmäßig auf einem tiefen Backblech verteilen. Rund 20 Minuten im Ofen rösten, dabei einmal wenden, bis die Haut der Tomaten Blasen wirft und der Brokkoli gar ist. Das Gemüse mitsamt dem Saft wieder in die große Schüssel geben.

3   In der Zwischenzeit 3 Liter Wasser in einem großen Topf bei hoher Temperatur zum Kochen bringen. 1 Esslöffel Salz und die Nudeln hineingeben. Die Fusilli al dente garen. In der letzten Kochminute die gefrorenen Erbsen dazugeben. Anschließend Nudeln sowie Erbsen abgießen und kalt abspülen, um den Garprozess zu unterbrechen. In die große Schüssel zu den Tomaten und dem Brokkoli geben.

4   Die Zwiebel abgießen und mit Frühlingszwiebeln, Paprika, Minze, Basilikum sowie Zitronenschale und Zitronensaft ebenfalls in die große Schüssel geben. Großzügig salzen und pfeffern und alles vermengen.

5   Das restliche Olivenöl und den Knoblauch in einen Topf geben. Bei niedriger Temperatur 2 bis 3 Minuten erhitzen, bis der Knoblauch zu brutzeln beginnt. Rotweinessig, Chiliflocken sowie Salz und Pfeffer unterrühren. Den Topf vom Herd nehmen und den Nudelsalat mit dem Dressing beträufeln. Noch einmal alles vermengen und bei Zimmertemperatur mindestens 30 Minuten oder bis zu 2 Stunden ziehen lassen.

6   Alternativ den Salat bis zu 2 Tage kühl stellen und vor dem Servieren 30 Minuten Zimmertemperatur annehmen lassen.

LAUWARME SOBA-NUDELN
MIT ERDNUSS-SRIRACHA-SAUCE

FÜR 2 PORTIONEN

100 g **Soba-Nudeln**

60 ml **Kokosmilch**

65 g **cremiges Erdnussmus**

1 EL **Sriracha-Sauce**

½ EL **geröstetes Sesamöl**

½ TL **Salz**

1 **Frühlingszwiebel**,
in feine Ringe geschnitten

Dieses wunderbar sättigende Gericht steht bei drei auf dem Tisch. Die sämige und leicht scharfe Erdnusssauce passt zudem zu allem, was du möglicherweise noch im Vorratsschrank findest: zu Ramen, zu Udon-Nudeln, sogar zu Spaghetti. Ihre beste Performance liefert sie allerdings in Kombination mit den festen, herzhaft nach Buchweizen schmeckenden Soba-Nudeln ab. Zusammen mit dem Salat mit zerdrückten Gurken *(siehe S. 70)* ergibt dieses Gericht eine leichte und gesunde Mahlzeit.

1 Die Soba-Nudeln nach Packungsanweisung garen.

2 Kokosmilch, Erdnussmus, Sriracha-Sauce, Sesamöl, Salz und 1 Esslöffel Wasser in einer mittelgroßen Schüssel verrühren. Die Nudeln dazugeben und alles gründlich vermengen.

3 Auf 2 Schalen verteilen und mit den Frühlingszwiebelringen garniert servieren.

BUCATINI-AUFLAUF

FÜR 8 PORTIONEN

1 EL + 1 TL **Salz**

450 g **Bucatini**

800 g **stückige Tomaten**
aus der Dose

2 EL **Olivenöl**

5 **Knoblauchzehen**, abgezogen und
in feine Scheiben geschnitten

¼ TL **Chiliflocken**

10 **frische Basilikumblätter**,
grob gehackt

½ TL **getrockneter Oregano**

2 **Eier** (Größe L)

100 g **Parmesan**, gerieben

125 g **Mozzarella** gerieben

125 g **Ricotta**

schwarzer Pfeffer, frisch gemahlen

Du kannst gar nicht genug von langen Nudeln bekommen? Und du liebst Lasagne? Und du willst dich nie wieder zwischen beidem entscheiden müssen? So geht es uns auch. Dieser Auf auf trifft dein für tröstende Tomatensauce, üppigen Käse und glücklich machende Kohlenhydrate zuständiges Belohnungszentrum voll auf die Zwölf. Wie Nudeln schmeckt er frisch zubereitet und wie Lasagne aufgewärmt sogar noch besser. Siehst du: Man kann *doch* alles haben!

1 Den Backofen auf 200 °C vorheizen.

2 In einem großen Topf 3 Liter Wasser bei hoher Temperatur zum Kochen bringen. 1 Esslöffel Salz sowie die Nudeln hineingeben, umrühren und die Bucatini 4 Minuten weniger kochen lassen, als in der Packungsanleitung für al dente angegeben ist. Abgießen.

3 Tomaten, Olivenöl, Knoblauch, 1 Teelöffel Salz, Chiliflocken, die Hälfte des Basilikums und den Oregano in einen großen Topf geben. Bei mittlerer Temperatur zum Köcheln bringen und anschließend unter gelegentlichem Rühren 20 Minuten köcheln lassen, bis die Sauce auf etwa 700 Gramm einreduziert ist.

4 In einer großen Schüssel Eier, die Hälfte des Parmesans, die Hälfte des Mozzarellas, den Ricotta und jede Menge Pfeffer verrühren. Die Bucatini dazugeben und mit einer Zange alles gründlich vermengen. Etwa ein Drittel der Tomatensauce abnehmen und den Rest unter die Nudelmischung rühren. Die Mischung anschließend in eine gusseiserne Pfanne (ca. 30 cm Ø) füllen und die abgenommene Tomatensauce darübergießen.

5 Den Auflauf etwa 20 Minuten im Ofen überbacken, bis die Sauce dunkelrot ist und die Bucatini oben knusprig sind. Die Pfanne aus dem Ofen nehmen und den Auflauf sofort mit dem restlichen Parmesan, Mozzarella und Basilikum bestreuen. Etwa 10 Minuten ruhen lassen, dann in Stücke schneiden und servieren.

LIFE SKILL

Meist sind lange Nudeln mit einer anderen langen Nudelsorte austauschbar. Wir lieben dieses Gericht mit Bucatini – mit Spaghetti oder Capellini funktioniert es aber auch. Verwende einfach, was du gerade zur Hand hast – Zutaten nach Lust und Laune auszutauschen ist *super* erwachsen!

FISCHERS
FRITZE

FISCH & ZWIEBELRINGE
IM BIERTEIG

FÜR 2–4 PORTIONEN

Vergiss Fish & Chips – Fisch & Zwiebelringe, beide im gleichen Bierteig gebacken (sehr effizient und damit sehr erwachsen), sind das neue Normal. Das rasche Frittieren bläst den Teig zu seiner knusprigen Höchstform auf, während die Zwiebeln dabei zart schmelzend und der Fisch buttrig-flockig werden. Nach diesem Gericht wirst du matschige Fischstäbchen mit fettigen Pommes aus deinem kulinarischen Gedächtnis löschen, und gleichzeitig wird dir klar werden, wie toll es ist, erwachsen zu essen. Wenn Fisch und Zwiebelringe nicht sofort verzehrt werden können, hält man sie bis zum Servieren bei knapp 100 °C im Ofen warm.

Für Fisch & Zwiebelringe

ca. 700 g **Kabeljau**, in ca. 4 x 10 cm große Stücke geschnitten

2 EL **Old-Bay-Gewürzmischung**

2 mittelgroße **Zwiebeln**, abgezogen und in ca. 1 cm dicke Ringe geschnitten

Für den Bierteig

170 g **Mehl**

30 g **Speisestärke**

1 EL **Backpulver**

½ TL **Salz**

¼ TL **schwarzer Pfeffer**, frisch gemahlen

500 ml **helles Bier**

2 EL **Malzessig**

2½ l **Pflanzenöl**

1 Den Kabeljau mit 1 Esslöffel Old-Bay-Gewürzmischung in eine mittelgroße Schüssel geben und gründlich vermengen. In einer zweiten mittelgroßen Schüssel die Zwiebelringe mit der restlichen Old-Bay-Gewürzmischung vermengen (**A**).

2 Für den Bierteig in einer großen Schüssel Mehl, Speisestärke, Backpulver, Salz und Pfeffer verrühren. Das Bier sowie den Malzessig dazugießen und alles zu einem glatten Teig mixen (**B**).

3 Das Öl in einem großen Topf bei mittlerer bis hoher Temperatur auf 175 °C erhitzen. Zum Überprüfen der Temperatur ein Küchenthermometer verwenden.

4 Mithilfe einer Zange einen Teil des Fischs und der Zwiebelringe im Bierteig wenden (**C**). Herausnehmen, etwas abtropfen lassen und ins heiße Öl geben. Darin etwa 5 Minuten frittieren, dabei einmal wenden, bis der Fisch und die Zwiebelringe goldbraun sind. Herausnehmen und auf einem Kuchengitter oder auf Küchenpapier abtropfen lassen (**D**).

5 Mit dem restlichen Fisch und den restlichen Zwiebelringen ebenso verfahren. Zwischendurch mit einem Spinnensieb oder Schaumlöffel immer wieder Teigreste aus dem Öl fischen und prüfen, ob das Öl noch 175 °C heiß ist.

A

B

C

D

JAKOBSMUSCHELN MIT SALSA VERDE

FÜR 2 PORTIONEN

Für die Salsa verde

abgeriebene Schale und Saft von
1 **Bio-Zitrone**

30 g **frische Petersilie**, fein gehackt

8 g **frischer Koriander**, fein gehackt

2 **Frühlingszwiebeln**, in feine Ringe geschnitten

1 mittelgroße **Schalotte**, abgezogen und fein gehackt

2 **Knoblauchzehen**, abgezogen und fein gerieben

1 TL **Salz**

½ TL **schwarzer Pfeffer**, frisch gemahlen

¼ TL **Chiliflocken**

120 ml **Olivenöl**

Für die Jakobsmuscheln

225 g **frische Jakobsmuscheln**

Salz

2 EL **Olivenöl**

Viele trauen sich an Jakobsmuscheln nicht heran, dabei sind sie ganz leicht zuzubereiten – sofern man zwei goldene Regeln beachtet. Erstens: Kauf die Jakobsmuscheln immer frisch! Sie werden zwar auch tiefgekühlt angeboten, doch dann ziehen sie in der Pfanne gerne Wasser. Frische Jakobsmuscheln sind – du hast es vermutet – einfach frischer. Die zweite goldene Regel lautet: Lass die Muscheln in der Pfanne nicht verhungern! Weniger als fünf Minuten Bratzeit sind mehr als genug. Die schnelle Salsa verde lässt sich gut vorbereiten, ebenso wie die Roggenbrot-Panzanella (siehe S. 62). Zusammen mit den Jakobsmuscheln hast du beides in Nullkommanix als leckeres Abendessen auf dem Tisch!

1 Für die Salsa verde Zitronenschale und -saft, Petersilie, Koriander, Frühlingszwiebeln, Schalotte, Knoblauch, Salz, Pfeffer, Chiliflocken und Olivenöl in eine mittelgroße Schüssel geben und vermengen. Anschließend in eine kleine Servierschüssel füllen.

2 Für die Jakobsmuscheln die Muscheln mit Küchenkrepp trocken tupfen und mit Salz würzen. Das Olivenöl in eine große Pfanne geben und bei mittlerer bis hoher Temperatur erhitzen. Die Jakobsmuscheln mit der flachen Seite nach unten in die Pfanne legen und etwa 3 Minuten anbraten, bis die Unterseite goldbraun ist. Mit einer Zange wenden und 1 bis 2 Minuten weiterbraten; die Muscheln sind fertig, wenn die Außenseite nicht mehr opak ist, das Fleisch beim Drücken aber noch nachgibt.

3 Die Jakobsmuscheln auf eine Servierplatte geben und mit der Hälfte der Salsa verde beträufeln. Die restliche Salsa verde dazu servieren.

LOWCOUNTRY-GARNELEN MIT MAISGRÜTZE

FÜR 4 PORTIONEN

Für die Maisgrütze

170 g **Maisgrieß**

120 g **reifer Cheddar**, gerieben

60 ml **Milch**

2 EL **Butter**

¼ TL **Salz**

80 g **TK-Mais**, aufgetaut

Für die Garnelen

60 ml **Olivenöl**

2 **Knoblauchzehen**, abgezogen und in feine Scheiben geschnitten

450 g küchenfertige **Riesengarnelen**

Salz

schwarzer Pfeffer, frisch gemahlen

½ TL **getrockneter Oregano**

½ TL **geräuchertes Paprikapulver**

Chilisauce zum Servieren

Kommt etwas aus dem Lowcountry, einer Küstenregion im US-Bundesstaat South Carolina, heißt das immer, dass es auf jeden Fall großartig schmeckt. Diese Maisgrütze vereint cremigen Brei mit süßen, festen Maiskörnern. Die Garnelen wiederum baden in Knoblauch, Oregano und Paprikapulver und tragen so ihren Teil zur Aromenvielfalt bei. Zu einem echten Lowcountry-Erlebnis gehört eine Flasche Chilisauce übrigens unbedingt dazu.

1   Für die Maisgrütze in einem mittelgroßen Topf 720 Milliliter Wasser bei mittlerer bis hoher Temperatur zum Kochen bringen. Den Maisgrieß einrieseln lassen und unter Rühren aufkochen, anschließend die Hitze auf mittlere bis niedrige Temperatur reduzieren. Den Maisgrieß etwa 20 Minuten köcheln lassen, dabei immer wieder umrühren, bis eine cremige, aber noch leicht feste Masse entstanden ist. Käse, Milch, Butter und Salz unterrühren. 2 Esslöffel von den Maiskörnern abnehmen, die restlichen Maiskörner ebenfalls unter den Maisbrei rühren. Die Hitze auf niedrige Temperatur reduzieren, um den Brei warm zu halten.

2   Für die Garnelen Olivenöl und Knoblauch in eine große Pfanne geben und bei mittlerer Temperatur erhitzen. Beginnt der Knoblauch zu brutzeln, die Garnelen dazugeben und in dem Öl wenden. Großzügig mit Salz und Pfeffer würzen. Die Garnelen 3 bis 4 Minuten braten, dabei nach der Hälfte der Bratzeit wenden, bis sie gerade ihre Glasigkeit zu verlieren beginnen. Die Pfanne vom Herd nehmen und Oregano sowie Paprikapulver unter die Garnelen rühren.

3   Die Maisgrütze auf 4 Teller verteilen und die Garnelen darauf anrichten. Mit dem Bratöl beträufeln und mit den aufbewahrten Maiskörnern bestreut servieren. Die Chilisauce dazu servieren.

SALAT MIT KURZ GEBRATENEM THUNFISCH

FÜR 2 PORTIONEN

Für den Salat

60 ml **Sojasauce**

2 EL **Honig**

1 EL **Reisessig**

2 TL **frischer Ingwer**, fein gehackt

1 TL **geröstetes Sesamöl**

35 g **junge Brunnenkresse**

30 g **Babyspinat**

40 g **Mango**, gewürfelt

1 **Avocado**, halbiert, entsteint, geschält und in Scheiben geschnitten

Für den Thunfisch

225 g **Thunfischsteak**

1 EL **geröstetes Sesamöl**

Salz

2 EL **Sesamsamen**

1 EL **Pflanzenöl**

Nichts, aber auch gar nichts ist so typisch dieser Fisch wie dieser Salat. Ein rasch und scharf angebratenes Thunfischsteak ist Extraklasse, der Power-lunch der Achtziger, Neunziger und Nullerjahre, ist wie Rihanna, die mit einem Weinglas in der Hand auf der Straße spazieren geht – einfach eine Weltanschauung. Die Mango, die Avocado und das Ingwerdressing machen das Ganze noch luxuriöser. Also los: Holt ihn euch!

1   Für den Salat Sojasauce, Honig, Reisessig, Ingwer und Sesamöl in einer kleinen Schüssel verrühren. Brunnenkresse, Spinat und Mangowürfel in eine große Schüssel geben. 2 Esslöffel Dressing darübergeben und alles vermengen. Den Salat auf eine große Platte häufen und die Avocadoscheiben darauf anrichten.

2   Für den Thunfisch das Thunfischsteak rundum mit Sesamöl einreiben und mit Salz würzen. Die Sesamsamen in einer flachen Schüssel ausbreiten. Den Thunfisch auf allen Seiten in die Sesamsamen pressen, damit sie gut anhaften.

3   Das Pflanzenöl in einer großen Pfanne bei mittlerer bis hoher Temperatur erhitzen. Den Thunfisch hineingeben und etwa 1 Minute in dem Öl braten, bis die Sesamsamen goldbraun sind. Das Steak wenden und auch auf der anderen Seite 1 Minute braten. Mithilfe einer Zange das Steak auch seitlich jeweils etwa 30 Sekunden braten, bis die Sesamsamen gerade geröstet sind.

4   Das Thunfischsteak auf ein Schneidbrett legen und in etwa 1 Zentimeter dicke Scheiben schneiden. Die Scheiben ebenfalls auf dem Salat anrichten. Mit dem restlichen Dressing beträufeln und sofort servieren.

LIFE SKILL

Soll Fisch roh oder fast roh verzehrt werden, muss beim Einkauf unbedingt auf gute Qualität geachtet werden. Kauf beim Fischhändler deines Vertrauens ein. Bekommst du keinen frischen Thunfisch, ist tiefgefrorener eine Alternative: Vor dem Anbraten muss der Fisch allerdings vollständig aufgetaut sein! Wer so gar nicht auf einen rohen Kern im Fisch steht, lässt das Panieren mit Sesamsamen weg, brät den Fisch auf jeder Seite etwa 4 Minuten und streut die Sesamsamen über den fertigen Salat.

GEBACKENE MUSCHELN VOM BLECH

FÜR 4–6 PORTIONEN

ca. 1 kg **Venusmuscheln**

2 **Maiskolben**, geschält und gedrittelt

450 g **Frühkartoffeln**, halbiert

2 EL **Olivenöl**

¼ TL **Salz**

4 EL **Butter**

2 **Knoblauchzehen**, abgezogen und in feine Scheiben geschnitten

1 EL + 1 TL **Old-Bay-Gewürzmischung**

1 **Bio-Zitrone**, in 6 Spalten geschnitten

450 g küchenfertige **Riesengarnelen**

340 g **Andouille-Würste**, in ca. 2½ cm dicke Scheiben geschnitten

2 EL **frische Petersilie**, fein gehackt

Mit diesen guten, altmodischen gebackenen Muscheln, die sich auf einem gemeinsamen Blech an Gemüse, Garnelen und Andouille kuscheln, kannst du dir jederzeit den Sommer ins Haus holen. Du hast mit Freunden ein Ferienhaus am Strand gemietet? Du hast den Schneematsch vor dem Fenster satt? Du hast einfach nur Lust auf ein ausgefallenes Dinner? All das sind wunderbare Anlässe, in richtig gute Muscheln zu investieren und eine Ofenparty zu schmeißen.

1   Den Ofenrost auf der mittleren Schiene in den Backofen schieben und den Backofen auf 200 °C vorheizen.

2   Muscheln, die sich bereits geöffnet haben, aussortieren. Die restlichen in eine große Schüssel geben und mit kaltem Wasser bedecken. 30 Minuten stehen lassen, damit sich der Sand aus den Muscheln am Schüsselboden absetzt. Anschließend die Muscheln vorsichtig nacheinander aus der Schüssel nehmen und gründlich unter fließendem kaltem Wasser abspülen. Die gesäuberten Muscheln in eine weitere große Schüssel legen.

3   Die gedrittelten Maiskolben und die Kartoffeln auf einem tiefen Backblech verteilen. Mit Öl beträufeln und mit Salz bestreuen. Etwa 12 Minuten im vorgeheizten Ofen rösten, bis der Mais gar ist und die Kartoffeln knusprig werden.

4   In der Zwischenzeit die Butter in einem kleinen Topf bei mittlerer bis hoher Temperatur zerlassen. Knoblauch, 1 Esslöffel Old-Bay-Gewürzmischung sowie Zitronenspalten dazugeben und in der Butter schwenken. Etwa 2 Minuten dünsten, bis die Gewürze zu duften beginnen und die Zitronenspalten etwas Saft abgegeben haben. Den Topf vom Herd nehmen.

5   Garnelen, Muscheln und Andouille zu den Kartoffeln und dem Mais auf das Backblech geben. Die Zitronenspalten mithilfe einer Zange ebenfalls dazugeben. Mit der Buttermischung begießen und alles noch einmal vermengen und gleichmäßig auf dem Blech ausbreiten.

6   Weitere 12 Minuten im Ofen backen, bis die Garnelen rosa sind und die Muscheln sich geöffnet haben. Muscheln, die sich nicht geöffnet haben, entsorgen. Alles mit der restlichen Old-Bay-Gewürzmischung sowie der Petersilie bestreuen und direkt vom Blech servieren.

TILAPIA MIT CHILI-LIMETTEN-MARINADE AUF AVOCADOCREME

FÜR 2 PORTIONEN

Für den Fisch

450 g **Tilapiafilets**

1 EL **Chilipulver**

1 TL **Kreuzkümmel**, gemahlen

½ TL **Salz**

½ TL **schwarzer Pfeffer**, frisch gemahlen

¼ TL **Cayennepfeffer**

Saft von 1 **Limette**

1 EL **Olivenöl**

Für die Avocadocreme

1 **Avocado**, halbiert, entsteint, geschält und in Scheiben geschnitten

8 g **frische Korianderblätter**

½ TL **Salz**

½ TL **schwarzer Pfeffer**, frisch gemahlen

Saft von 1 **Limette**

70 g **griechischer Joghurt**

Tilapia, eine Buntbarschgattung, erfreut sich zugegebenermaßen nicht gerade großer Beliebtheit, doch ist sein neutraler Geschmack ein unschätzbarer Vorteil, wenn es darum geht, Aromen zu erkunden. (Und der geldbeutelschonende Preis ist auch kein Nachteil.) Die Marinade in diesem Rezept macht jeden Bissen Fisch zum überraschenden Genuss, das Bett aus Avocadocreme gleicht die Schärfe der Marinade aus. Gemeinsam mit dem Kräutersalat mit säuerlichem Joghurtdressing *(siehe S. 66)* ergibt unser Tilapia ein schnelles und leckeres Unter-der-Woche-Abendessen.

1. Den Ofenrost auf der mittleren Schiene in den Backofen schieben und den Backofen auf 200 °C vorheizen. Ein tiefes Backblech mit Backpapier auskleiden.

2. Für den Fisch die Filets auf das Backblech legen. In einer kleinen Schüssel Chilipulver, Kreuzkümmel, Salz, Pfeffer, Cayennepfeffer, Limettensaft und Olivenöl verrühren. Die Tilapiafilets auf beiden Seiten mit der Marinade bepinseln. Anschließend 12 Minuten im Ofen backen, bis die Ränder knusprig werden und das Fleisch feucht ist und sich leicht auseinanderzupfen lässt.

3. In der Zwischenzeit für die Avocadocreme Avocado, Koriander, Salz, Pfeffer, Limettensaft und Joghurt in einen Mixer oder die Küchenmaschine geben. In 1 bis 2 Minuten glatt mixen.

4. Die Avocadocreme auf eine Servierplatte streichen *(siehe S. 59)*, die Tilapiafilets darauf anrichten und sofort servieren.

OFENGEBACKENER, SÜSS-SCHARFER LACHS

FÜR 4 PORTIONEN

2 EL **heller brauner Zucker**

¼ TL **Chiliflocken**

1 **gelber Sommerkürbis**, in dünne Scheiben geschnitten

2 **Maiskolben**, geschält und halbiert

1 **rote Paprikaschote**, entkernt und in Streifen geschnitten

225 g **Spargel**, geschält und in ca. 2½ cm große Stücke geschnitten

4 **Lachsfilets** mit Haut à 120–170 g

3 EL **Olivenöl**

Salz

schwarzer Pfeffer, frisch gemahlen

Wahrscheinlich weißt du das schon, aber süß und scharf ist eine Verbindung, die im Himmel geschlossen wurde. Etwas unerwarteter ist die Verbindung süß, scharf und Lachs. Die drei Komponenten machen sich ganz ausgezeichnet zusammen, die Zucker-Chili-Glasur passt wunderbar zu den subtilen und doch vollen Aromen des Fischs. Durch die Fülle an frischem Gemüse bleibt von diesem Gericht vermutlich einiges übrig – über das Abendessen von morgen musst du dir also keine Gedanken machen. Natürlich kannst du auch Zutaten austauschen: Verwende an Gemüse, was immer die Ökokiste oder der Bauernmarkt um die Ecke hergibt.

1 Den Ofenrost auf der mittleren Schiene in den Backofen schieben und den Backofen auf 220 °C vorheizen. Ein tiefes Backblech mit Backpapier auskleiden.

2 In einer kleinen Schüssel braunen Zucker und Chiliflocken mit 1 Esslöffel Wasser verrühren.

3 Sommerkürbis, Mais, Paprika, Spargel und Lachs auf das vorbereitete Backblech geben. Mit Olivenöl beträufeln und mit Salz sowie Pfeffer bestreuen. Alles gründlich vermengen. Den Lachs zum Schluss mit der Hautseite nach unten in die Mitte des Backblechs legen. Den Mais in einer Reihe an einen Rand des Blechs schieben, die Mischung aus Sommerkürbis, Paprika und Spargel gleichmäßig auf beiden Seiten des Fischs verteilen. Mit einem Löffel die Hälfte der Zuckerglasur auf die Lachsfilets träufeln.

4 Lachs und Gemüse etwa 15 Minuten im Ofen backen, bis der Fisch undurchsichtig rosa und das Gemüse gar ist. Aus dem Ofen nehmen und die restliche Zuckermischung auf dem Lachs verteilen. Fisch und Gemüse auf 4 Tellern anrichten und servieren.

LIFE SKILL

Wenn du keinen frischen Lachs bekommst, ist tiefgefrorener eine gute Alternative. Lege ihn mindestens 24 Stunden oder bis zu 3 Tage vor der Verwendung in den Kühlschrank, damit er in aller Ruhe auftauen kann. Doch egal ob frisch oder TK: Die Lachshaut sollte immer von Schuppen befreit sein.

GEBRATENER REIS
MIT GARNELEN & ANANAS

FÜR 2 PORTIONEN

4 EL **Pflanzenöl**

2 **Eier** (Größe L), verquirlt

225 g küchenfertige **Riesengarnelen**

3 **Knoblauchzehen**, abgezogen und fein gehackt

¼ TL **Chiliflocken**

1 mittelgroße **Gemüsezwiebel**, abgezogen und fein gehackt

350 g **gekochter Reis**

140 g **TK-Gemüsemischung**, aufgetaut

2 EL **Fischsauce**

Saft von 1 **Limette**

430 g **Ananasstücke** aus der Dose, abgegossen

2 **Frühlingszwiebeln**, in feine Ringe geschnitten

Braucht gebratener Reis Garnelen und Ananas? Nein. Aber schmeckt er mit Garnelen und Ananas *besser*? Oh ja. Die Fischsauce verleiht diesem Gericht den perfekten, süß-salzigen Touch, kann zur Not aber durch Sojasauce ersetzt werden. Ansonsten verbinden sich hier säuerliche Ananasstückchen mit saftigen Garnelen, verquirltem Ei, zartem Gemüse und himmlischem gebratenem Reis – fast die gesamte Lebensmittelpyramide auf einem Teller!

1   2 Esslöffel Öl in einer gusseisernen Pfanne (ca. 30 cm Ø) bei mittlerer Temperatur erhitzen. Die verquirlten Eier hineingeben und unter häufigem Rühren etwa 2 Minuten braten. Die Eier auf eine Seite der Pfanne schieben und die Garnelen auf der anderen Seite in die Pfanne legen. Die Garnelen 3 bis 4 Minuten braten, bis sie gerade rosa sind. Anschließend Eier und Garnelen auf einen Teller geben.

2   Das restliche Öl in die Pfanne geben und bei mittlerer bis hoher Temperatur erhitzen. Knoblauch, Chiliflocken und Zwiebel dazugeben und unter Rühren etwa 1 Minute in dem Öl andünsten, bis sie zu duften beginnen. Reis und Gemüsemischung hinzufügen und unter Rühren weitere 5 Minuten braten, bis der Reis leicht bräunt und das Gemüse gar ist. Eier, Garnelen, Fischsauce, Limettensaft und Ananasstücke unterrühren und etwa 1 Minute lang erwärmen.

3   Den gebratenen Reis auf eine Servierplatte geben und mit den Frühlingszwiebelringen bestreut servieren.

LACHSBURGER
MIT GURKEN & DILL

FÜR 4 PORTIONEN

Für die Burger

1 **Knoblauchzehe**, abgezogen

abgeriebene Schale und Saft von
1 **Bio-Zitrone**

1 **Ei** (Größe L)

2 g **frischer Dill**

2 EL **Dijonsenf**

1 EL **Mayonnaise**

1 TL **Salz**

¼ TL **Cayennepfeffer**

ca. 700 g **Lachsfilets** ohne Haut, in
ca. 5 cm große Stücke geschnitten

60 g **Paniermehl**

4 **Hamburgerbrötchen** mit
Sesamsamen

3 EL **Olivenöl**

Für Gurken & Dill

¼ **Salatgurke**, in dünne Scheiben
geschnitten

¼ mittelgroße **Gemüsezwiebel**,
abgezogen und in feine Scheiben
geschnitten

2 g **frischer Dill**, grob gehackt

2 EL **Mayonnaise**

1 EL **Weißweinessig**

Ein Burger ohne Fleisch? Ja, das geht. Diese Lachsburger zergehen nicht nur auf der Zunge, sie sind auch saftig und mit all den gesunden Zutaten ungeheuer erwachsen. In ihrem knusprigen Gewand aus gerösteten Sesambrötchen können sie es garantiert mit jedem Ham-, Cheese- oder sonstigen Burger aufnehmen! Und der aromatische Gurken-Dill-Salat ist die einzige Würzsauce, die du dazu brauchst.

1   Für die Burger Knoblauch, Zitronenschale, Zitronensaft, Ei, Dill, Senf, Mayonnaise, Salz und Cayennepfeffer in die Küchenmaschine bzw. den Mixer geben und glatt mixen. Lachs sowie Paniermehl hinzufügen und alles zu einer homogenen Mischung verarbeiten, die jedoch noch größere Lachsstücke enthält. Die Mischung mit leicht angefeuchteten Händen zu 4 gleich großen, rund 2½ Zentimeter dicken Patties formen und auf einen großen Teller legen. Mit Klarsichtfolie bedeckt 30 Minuten kühl stellen.

2   In der Zwischenzeit für Gurken & Dill Gurkenscheiben, Zwiebel, Dill, Mayonnaise und Essig in einer kleinen Schüssel vermengen und beiseitestellen.

3   Die Hamburgerbrötchen in Hälften teilen und eine Grillpfanne oder andere große Pfanne bei mittlerer bis hoher Temperatur erhitzen. Die Pfanne mit 1 Esslöffel Öl auspinseln und 4 Brötchenhälften mit der Schnittfläche nach unten hineinlegen. Leicht flach drücken und etwa 2 Minuten in der Pfanne rösten, bis die Brötchen schön gebräunt sind. Auf eine Servierplatte legen und mit 1 weiteren Esslöffel Öl sowie den restlichen Brötchenhälften ebenso verfahren.

4   Die Pfanne mit dem restlichen Öl auspinseln, die Patties hineinlegen und ebenfalls leicht flach drücken. Etwa 5 Minuten braten, bis sie schön bräunen, dann wenden und auch auf der anderen Seite rund 5 Minuten braten.

5   Die Patties auf 4 Brötchenhälften legen und den Gurken-Dill-Salat daraufgeben. Mit den restlichen Brötchenhälften bedecken und sofort servieren.

FLEISCH
AUF DIE RIPPEN

DAS PERFEKTE BRATHÄHNCHEN

FÜR 4 PORTIONEN

Jeder perfekte Erwachsene hat (angeblich…) ein Brathähnchenrezept in der Hinterhand. Unseres ist besonders einfach – kein Küchengarn, kein Begießen und kein Spekulieren darüber, wie viel Salz verwendet werden muss (die korrekte Antwort auf Letzteres lautet natürlich: viel. Was hast du denn gedacht?). Knoblauch, Zitrone und Thymian verstärken die Aromen gerade so, dass sie den Hauptdarsteller nicht an die Wand spielen. Und durch das Ruhen nach dem Braten hast du genug Zeit, um noch eine Beilage zusammenzuzaubern, etwa den Tomaten-Halloumi-Salat *(siehe S. 67)*. Wenn du erst einmal *dein* ultimatives Brathähnchen zubereitet hast, bist auch du perfekt erwachsen.

1 **Bio-Zitrone**, halbiert
1 **Knoblauchknolle**
3 Zweige **frischer Thymian**
4 EL **Butter**

1 **ganzes Hähnchen**,
1,6–1,8 kg, ausgenommen
und unter fließendem Wasser
gründlich geputzt

1 EL **Salz**
1 TL **schwarzer Pfeffer**,
frisch gemahlen

1 Den Ofenrost auf der mittleren Schiene in den Backofen schieben und den Backofen auf 220 °C vorheizen.

2 Die Zitronenhälften mit der Schnittfläche nach unten in eine gusseiserne oder feuerfeste Pfanne (ca. 30 cm Ø) legen. Von der nicht abgezogenen Knoblauchknolle oben etwa 1 Zentimeter abschneiden und entsorgen. Die Knolle mit der Schnittfläche nach unten zusammen mit den Thymianzweigen ebenfalls in die Pfanne legen. Die Butter hinzufügen und alles bei hoher Temperatur erhitzen. Dabei gelegentlich die Pfanne schwenken, um die Butter beim Zerlassen zu vertei-

len. Ist die Butter vollständig zerlassen, die Pfanne vom Herd nehmen.

3 Das Hähnchen auf einen großen Teller legen und mit Küchenpapier gründlich trocken tupfen. Salz und Pfeffer in einer kleinen Schüssel verrühren. Das Hähnchen mit einer Hand senkrecht über den Teller halten und innen mit der Hälfte der Salz-Pfeffer-Mischung ausreiben. Mit einer Zange Thymian, Knoblauch und 1 Zitronenhälfte ins Innere des Hähnchens geben. Dieses wieder auf den Teller legen und mithilfe der Zange die andere Zitronenhälfte über dem Hähnchen auspressen.

4 Das Hähnchen rundum mit der zerlassenen Butter begießen und mit der restlichen Salz-Pfeffer-Mischung bestreuen. In die Pfanne legen, dabei die Flügel unter dem Körper fixieren. Eventuell ausgetretenen Saft vom Teller in die Pfanne gießen.

5 Das Hähnchen etwa 45 Minuten im Ofen garen, bis es rundum gebräunt ist. Aus dem Ofen nehmen und ungefähr 20 Minuten ruhen lassen. Es ist gar, wenn ein Küchenthermometer an der dicksten Stelle eines Hähnchenschenkels 75 °C misst oder bei einem kleinen Schnitt in den Schenkel klarer Saft austritt. Das Hähnchen tranchieren und mit dem Bratensaft servieren.

LIFE SKILL

Wie man ein Hähnchen tranchiert? Genau so:

1 Das Hähnchen auf ein stabiles, ausreichend großes Schneidbrett legen und eine große Fleischgabel sowie ein scharfes Messer zur Hand nehmen.

2 Mit dem Messer auf einer Seite zwischen Keule und Brust fahren, dabei mit der Gabel die Keule beiseiteziehen (**A**). Den Schnitt bis zum Hüftgelenk fortführen. Dann etwas Kraft anwenden, um durch das Hüftgelenk zu schneiden.

3 Das Gelenk in der Keule ebenfalls durchschneiden (**B**) und die Stücke auf eine Servierplatte legen.

4 Mit der Gabel das Rückgrat in der Mitte der Brust ertasten. Das Messer daneben ansetzen, bis es auf die Rippen trifft. Mithilfe der Gabel das Brustfleisch zur Seite ziehen und den Schnitt fortführen, bis das Messer auf das Flügelgelenk trifft (**C**). Wiederum etwas Kraft anwenden, um das Gelenk zu durchtrennen, während die Gabel hilft.

5 Das Gelenk zwischen Flügel und Brust durchtrennen (**D**) und die Stücke ebenfalls auf die Servierplatte legen.

6 Den Vorgang auf der anderen Seite wiederholen.

MINIBURGER
MIT PULLED PORK & KIMCHI

FÜR 4–6 PORTIONEN

1 EL **Olivenöl**

450 g **Schweineschulter** ohne Knochen, in ca. 2½ cm große Stücke geschnitten

1 TL **geräuchertes Paprikapulver**

1 TL **Zwiebelpulver**

1 TL **Knoblauchpulver**

1 EL **heller brauner Zucker**

1 EL **Dijonsenf**

500 ml **helles Bier**

225 g **Kimchi**, grob gehackt

1 Packung **Miniburgerbrötchen** (12 Stück)

1 **Salatgurke**, in feine Scheiben geschnitten

Du kennst Kimchi noch nicht? Dann hast du was verpasst. Das koreanische Nationalgericht aus vergorenem Kohl mit viel Crunch und Feuer wirst du fortan nicht mehr missen wollen. Und denjenigen, die sich bereits in das exotische Sauerkraut verliebt haben, sei gesagt: Hier werdet ihr euch noch mehr verlieben. Denn in unserem Rezept wird Schweineschulter so lange mit gehacktem Kimchi und verführerischen Gewürzen geschmort, bis das Fleisch praktisch von selbst auseinanderfällt. In die Milchbrötchen kommen dann noch mehr Kimchi, Pulled Pork und eine herrlich pikante Sauce direkt aus dem Topf – gut möglich, dass du die 4 bis 6 Portionen allein verdrücken willst.

1   Das Öl in einem mittelgroßen Topf bei mittlerer bis hoher Temperatur erhitzen und Schweineschulter, Paprikapulver, Zwiebelpulver sowie Knoblauchpulver hineingeben. Alles gut vermengen und etwa 2 Minuten braten, bis die Mischung zu duften beginnt. Braunen Zucker und Senf hinzufügen, unterrühren und etwa 2 Minuten mitbraten, bis das Fleisch leicht karamellisiert. Das Bier angießen und ein Drittel des Kimchi in den Topf geben. Alles zum Kochen bringen, die Hitze auf niedrige Temperatur reduzieren und das Fleisch zugedeckt rund 1 Stunde schmoren lassen.

2   Das Fleisch aus dem Topf nehmen und mit einer Zange oder zwei Gabeln zerrupfen. In den Topf zurückgeben und die Hitze auf hohe Temperatur erhöhen. Das Fleisch ohne Deckel 10 bis 15 Minuten köcheln lassen, bis sich eine dicke Sauce bildet.

3   Die Miniburgerbrötchen im Ganzen mit einem Sägemesser halbieren, sodass 12 aneinanderhängende Ober- und 12 aneinanderhängende Unterhälften entstehen. Die Unterhälften auf eine Servierplatte legen und mit dem restlichen Kimchi belegen. Das Pulled Pork darauf verteilen und mit Sauce begießen. Mit Gurkenscheiben belegen und mit den Brötchenoberhälften abschließen. Nun darf sich jeder 2 bis 3 Brötchen abreißen – die Servietten dazu nicht vergessen!

SKIRT STEAK
MIT GOCHUJANG & SESAM

FÜR 2 PORTIONEN

Für die Steaks

1 EL **Reisessig**

2 EL **Gochujang**

1 **Knoblauchzehe**, abgezogen und
   gerieben oder fein gehackt

¼ TL **Salz**

300 g **Skirt Steak** (Kronfleisch),
   in 2 Portionen geteilt

1 EL **Sesamsamen**

1 EL **Pflanzenöl**

Fleur de Sel zum Bestreuen

Für den Salat

30 g **Karottenstreifen**

4 g **frischer Koriander**, grob gehackt

2 **Frühlingszwiebeln**, in feine Ringe
   geschnitten

1 EL **Reisessig**

1 Prise **Salz**

Die koreanische Chilipaste Gochujang steckt voller *umami* – der herrlich würzige »Fleischgeschmack«, den auch Sojasauce oder reifer Parmesankäse zu bieten hat. Außerdem wartet sie mit genau dem richtigen Grad an Schärfe auf. Durch die zusätzliche Kombination mit Sesam und Steak (ein weiterer *umami*-Lieferant) sowie einem frischen, leuchtenden Salat passiert bei diesem Gericht also jede Menge, und du wirst alles davon lieben.

1   Für die Steaks Reisessig, Gochujang, Knoblauch und Salz verrühren und in einen großen Zip-Beutel geben. Die Steaks hinzufügen und den Beutel fest verschließen. Die Steaks im Beutel in der Marinade wenden und bei Zimmertemperatur mindestens 1 Stunde oder im Kühlschrank bis zu 24 Stunden lang ziehen lassen. In letzterem Fall die Steaks 30 Minuten vor der Weiterverarbeitung aus dem Kühlschrank nehmen.

2   In der Zwischenzeit für den Salat Karottenstreifen, Koriander, Frühlingszwiebelringe, Reisessig und Salz in einer kleinen Schüssel vermengen.

3   Die Sesamsamen in einer gusseisernen Pfanne (ca. 30 cm Ø) bei hoher Temperatur unter ständigem Rühren etwa 2 Minuten erhitzen, bis sie leicht geröstet sind und zu duften beginnen. In eine weitere kleine Schüssel geben.

4   Das Pflanzenöl in die Pfanne geben und ebenfalls bei hoher Temperatur erhitzen. Die Steaks aus dem Beutel nehmen, überschüssige Marinade abtropfen lassen. Hat das Öl seinen Rauchpunkt erreicht, vorsichtig die Steaks in die Pfanne legen. 2 Minuten scharf anbraten, bis die Steaks auf einer Seite gut gebräunt sind. Wenden und auch auf der anderen Seite 2 Minuten braten. Im Kern sollten die Steaks noch *medium-rare* sein. Wer es eher *well done* mag, brät die Steaks auf jeder Seite 2 Minuten länger an.

5   Die Steaks auf ein Schneidbrett geben und locker mit Alufolie bedecken. 5 Minuten ruhen lassen, anschließend gegen die Maserung in dünne Stücke schneiden. Auf einer Servierplatte anrichten und mit Meersalzflocken bestreuen. Den Salat auf den Steaks verteilen und alles vor dem Servieren mit den gerösteten Sesamsamen garnieren.

CREMIGE HÜHNERSUPPE MIT KLÖSSCHEN

FÜR 6 PORTIONEN

Für die Suppe

2 EL **Pflanzenöl**

900 g **Hähnchenbrust** ohne Knochen und ohne Haut, in ca. 2½ cm große Stücke geschnitten

Salz

schwarzer Pfeffer, frisch gemahlen

50 g **Zwiebeln**, abgezogen und gewürfelt

2 mittelgroße **Karotten**, in Scheiben geschnitten

3 **Knoblauchzehen**, abgezogen und fein gehackt

5 EL **Butter**

6 EL **Mehl**

1½ l selbst gemachte **Hühnerbrühe** *(Rezept siehe S. 46)* oder gekaufter **Hühnerfond**

120 g **Sahne**

1 Zweig **frischer Thymian**

2 **Lorbeerblätter**

200 g **TK-Erbsen**

Für die Klößchen

220 g **Mehl**

1 EL **Backpulver**

½ TL **Salz**

½ TL **schwarzer Pfeffer**, frisch gemahlen

300 g **Sahne**

15 g **frische Petersilie**, gehackt

LIFE SKILL

Mehl + Butter + Hitze = Roux = Mehlschwitze. Sie dickt das Gericht an, wenn Flüssigkeit dazukommt. Wichtig dabei ist, das Mehl so lange anzuschwitzen, bis es goldfarben ist und nussig duftet.

Hühnerpastete ist toll, dem wird wohl kaum einer widersprechen. Eines kann sie jedoch noch toppen: unsere cremige Hühnersuppe mit Klößchen. Denn die hat nicht nur Huhn und Teig zu bieten, sondern auch noch jede Menge aromatische Suppe. Die bekommt eine Decke aus ungeheuer leicht zuzubereitenden Klößchen, die wie durch Zauberhand zu fluffigen Teigwölkchen aufgehen und geradezu darum betteln, die köstliche Sauce aufnehmen zu dürfen. Für dieses wahrhaft seelentröstende Gericht ziehst du dir am besten deinen gemütlichsten, kuscheligsten Pullover an.

1 Für die Suppe das Öl in einem Schmortopf bei mittlerer bis hoher Temperatur erhitzen. Das Fleisch hineingeben und mit Salz sowie Pfeffer würzen. Unter gelegentlichem Rühren etwa 6 Minuten braten, anschließend auf einen Teller legen und beiseitestellen.

2 Zwiebeln und Karotten in den Topf geben und ebenfalls mit Salz sowie Pfeffer würzen. Das Gemüse etwa 3 Minuten braten, bis die Zwiebeln weich und die Karotten zart sind. Den Knoblauch hinzufügen und rund 1 Minute mitdünsten, bis er zu duften beginnt.

3 Die Hitze auf mittlere bis niedrige Temperatur reduzieren und Butter sowie Mehl in den Topf geben. Unter ständigem Rühren – damit sich keine Klümpchen bilden – 3 Minuten dünsten, bis das Mehl hellgoldfarben ist. Das Fleisch mitsamt eventuell ausgetretenem Saft wieder in den Topf geben und in der Roux *(siehe* Life Skill *unten)* wenden. Hühnerbrühe oder Hühnerfond angießen und so lange rühren, bis eine glatte Sauce entstanden ist. Sahne, Thymian sowie Lorbeerblätter in den Topf geben und die Mischung zum Köcheln bringen. Die Erbsen unterrühren und alles zugedeckt 15 Minuten köcheln lassen, bis die Suppe cremig eindickt.

4 In der Zwischenzeit für die Klößchen Mehl, Backpulver, Salz, Pfeffer und Sahne in einer großen Schüssel zu einer homogenen Teigkugel verrühren. Daraus mit einem Eisportionierer etwa 12 kleinere Bällchen (ca. 2½ cm Ø) formen und diese auf einen Teller legen.

5 Thymian und Lorbeer aus der Suppe fischen und entsorgen. Die Suppe mit Salz und Pfeffer abschmecken. Die Teigbällchen in die Suppe legen, die Petersilie hinzufügen und alles zugedeckt etwa 15 Minuten weiterköcheln lassen, bis die Klößchen aufgegangen und gar sind. Die Suppe auf Teller verteilen und jeweils 2 Klößchen in die Suppe geben.

GENERAL TSOS CHICKEN WINGS
MIT FRITTIERTEM BROKKOLI

FÜR 4 PORTIONEN

Für die Chicken Wings

900 g **Hähnchenflügel**

30 g + 1 TL **Speisestärke**

1 TL **Salz**

60 ml **Sojasauce**

3 EL **Honig**

2 EL **Ketchup**

2 **Knoblauchzehen**, abgezogen und gerieben oder fein gehackt

2 TL **frischer Ingwer**, fein gehackt

1 TL **Reisessig**

1 TL **geröstetes Sesamöl**

1 TL **Chiliflocken**

ca. 2 l **Pflanzenöl**

Für den Brokkoli

30 g **Speisestärke**

30 g **Mehl**

1 TL **Backpulver**

1 TL **Salz**

450 g **Brokkoli**, in ca. Chicken-Wing-große Röschen geteilt

Lösch deine Lieferservice-App und probier dieses Rezept aus. Die süß-scharfen, knusprigen Chicken Wings baden in einer köstlichen General-Tso-Sauce, während der Brokkoli leicht mit Teig ummantelt und dann rasch frittiert wird und so mit seinem salzigen Crunch dem Hauptdarsteller fast – nur fast! – die Show stiehlt. Kohlmampf statt Kohldampf!

1. Den Backofen auf 120 °C vorheizen. Ein tiefes Backblech mit Alufolie auskleiden und einen Ofenrost darauflegen.

2. Für die Chicken Wings die Hähnchenflügel mit Küchenpapier trocken tupfen. In eine große Schüssel geben und in 30 Gramm Speisestärke sowie dem Salz wenden. Auf den Ofenrost legen und mindestens 20 Minuten bis zu 1 Stunde trocknen lassen.

3. In der Zwischenzeit Sojasauce, Honig, Ketchup, Knoblauch, Ingwer, Reisessig, Sesamöl, Chiliflocken und 1 Teelöffel Speisestärke in einer großen Schüssel verrühren.

4. Das Pflanzenöl in einem großen Topf bei mittlerer bis hoher Temperatur auf 190 °C erhitzen. Die Temperatur des Öls mit einem Küchenthermometer prüfen. Mithilfe einer Zange etwa ein Drittel der Hähnchenflügel in das heiße Öl geben und darin rund 12 Minuten frittieren, bis sie schön gebräunt und sehr knusprig sind. Mithilfe der Zange wieder auf den Ofenrost legen und mit den restlichen Hähnchenflügeln ebenso verfahren. Zwischendurch immer wieder die Temperatur des Öls prüfen; sie sollte konstant 190 °C betragen.

5. Die frittierten Hähnchenflügel in die Sojasaucenmischung geben, gründlich darin wälzen und anschließend wieder auf den Ofenrost legen. Etwa 10 Minuten im Ofen backen, bis die Sauce auf den Hähnchenflügeln zu brutzeln beginnt.

6. In der Zwischenzeit für den Brokkoli in einer mittelgroßen Schüssel Speisestärke, Mehl, Backpulver und Salz mit 120 Milliliter Wasser zu einem glatten Teig verrühren. Den Brokkoli hineingeben und mit dem Teig überziehen. Das Öl im Topf wieder auf 190 °C erhitzen und den Brokkoli in zwei Portionen darin rund 5 Minuten frittieren, bis er knusprig ist. Auf Küchenpapier abtropfen lassen.

7. Die Chicken Wings mit dem Brokkoli auf einer Servierplatte anrichten und sofort servieren.

LIFE SKILL

Nehmen die Hähnchenflügel vor dem Frittieren Zimmertemperatur an, bräunen sie beim Frittieren gleichmäßiger. Salz und Speisestärke trocknen die Hähnchenhaut aus und machen die Chicken Wings so noch knuspriger.

CHEESESTEAK-QUESADILLA

FÜR 4 PORTIONEN

1 EL **Olivenöl**

225 g **Skirt Steak** (Kronfleisch)

Salz

schwarzer Pfeffer, frisch gemahlen

1 mittelgroße **Gemüsezwiebel**, abgezogen, halbiert und in Scheiben geschnitten

1 **grüne Paprikaschote**, entkernt und in breite Streifen geschnitten

2 große **Weizentortillas**

8 Scheiben **Provolone**

frische Petersilie, gehackt, und **Salsa de Queso** (Käse-Dip) zum Servieren

Wer jemals das Bedürfnis verspürt hat, ein Philly Cheesesteak in all seiner Käsecremigkeit zur Hand zu nehmen und es mit noch mehr Käse zu vereinen, ist a) ein Held und b) bei uns genau richtig. Da Skirt Steak nicht gerade der hochwertigste Cut vom Rind ist, sind das Ruhenlassen und das Schneiden des Fleischs in dünne Streifen zwei entscheidende Zubereitungs-schritte. Knackiges Gemüse sorgt in dieser Quesadilla für Crunch bei jedem Bissen und ist absolut notwendig, um dem himmlischen Käse dann doch etwas entgegenzusetzen. Geschmälert wird das Käsevergnügen da-durch jedoch keineswegs.

1   Das Öl in einer mittelgroßen Pfanne bei mittlerer bis hoher Temperatur erhitzen. Das Steak auf beiden Seiten mit Salz und Pfeffer würzen. Auf einer Seite 2 Minuten in dem Öl braten, anschließend wenden und auf der anderen Seite 2 bis 3 Minuten weiterbraten, bis das Fleisch außen schön braun und innen *medium-rare* ist. Wer es *well done* bevorzugt, brät es insgesamt 2 bis 3 Minuten länger. Das Steak auf ein Schneid-brett legen, locker mit Alufolie bedecken und ruhen lassen.

2   In der Zwischenzeit Zwiebel und Paprika in die Pfanne geben und in etwa 5 Minuten knackig-zart darin braten. Auf einen Teller geben. Das Steak gegen die Maserung in dünne Streifen schneiden.

3   1 Tortilla in die Pfanne legen und 2 Scheiben Käse darauflegen. Die Hälfte der Fleischstreifen sowie die Hälfte des Gemüses darauf ver-teilen. Mit 2 weiteren Scheiben Käse bedecken. Die Tortilla in der Mitte zusammenklappen und 3 Minuten in der Pfanne rösten, bis sie unten schön gebräunt ist. Wenden und 3 Minuten weiterrösten, bis der Käse schmilzt. Mit der zweiten Tortilla sowie dem restlichen Käse, Fleisch und Gemüse ebenso verfahren.

4   Jede Quesadilla in 4 Stücke schneiden und mit Petersilie bestreut ser-vieren. Die Salsa de Queso (bzw. einen Käse-Dip) dazu servieren.

DOWN-SOUTH-JAMBALAYA

FÜR 4 PORTIONEN

2 EL **Olivenöl**

450 g **Hähnchenschenkel**, ohne Knochen und ohne Haut, in ca. 2½ cm große Stücke geschnitten

1 EL **Cajun-Gewürzmischung**

2 TL **Salz**

1 TL **schwarzer Pfeffer**, frisch gemahlen

1 TL **Knoblauchpulver**

1 TL **geräuchertes Paprikapulver**

1 TL **Cayennepfeffer**

4 **Andouille-Würste**, in ca. 1 cm dicke Scheiben geschnitten

1 mittelgroße **Zwiebel**, abgezogen und gewürfelt

2 Stangen **Sellerie**, gewürfelt

1 grüne **Paprikaschote**, entkernt und gewürfelt

1 **Jalapeño-Chilischote**, entstielt und fein gehackt

6 **Knoblauchzehen**, abgezogen und fein gehackt

360 ml selbst gemachte **Hühnerbrühe** (Rezept siehe S. 46) oder gekaufter **Hühnerfond**

400 g **stückige Tomaten** aus der Dose

450 g küchenfertige **Riesengarnelen** ohne Schwanz

350 g gekochter **Reis**

Das für Louisiana so typische, reichlich, ja: überreichlich gewürzte Reisgericht weist die gleichen westafrikanischen, spanischen und französischen Einflüsse auf wie der US-Bundesstaat selbst. Das Fleischtrio – Huhn, Andouille und Garnelen – mag auf den ersten Blick ungewöhnlich erscheinen, erhebt das Jambalaya jedoch in die himmlischen Höhen der kreolischen Küche.

1   1 Esslöffel Olivenöl in einem Schmortopf bei mittlerer bis hoher Temperatur erhitzen und Hähnchenfleisch, Cajun-Gewürzmischung, 1 Teelöffel Salz, schwarzen Pfeffer, Knoblauchpulver, Paprikapulver sowie Cayennepfeffer hineingeben. Alles gut vermengen und anschließend etwa 5 Minuten braten, bis das Fleisch gar ist. Die Andouille hinzufügen und rund 3 Minuten mitbraten. Das gewürzte Fleisch auf einen großen Teller geben.

2   Das restliche Öl in den Topf geben und Zwiebel, Sellerie, Paprika, Chili, Knoblauch sowie das restliche Salz hinzufügen. Alles 8 bis 10 Minuten braten, bis das Gemüse zu bräunen beginnt.

3   Hühnerbrühe oder Hühnerfond angießen und mit den Tomaten unterrühren. Das gewürzte Fleisch mitsamt ausgetretenem Saft wieder in den Topf geben und zum Köcheln bringen. Anschließend zugedeckt rund 10 Minuten köcheln lassen, bis sich die Aromen vollständig miteinander verbunden haben. Die Garnelen unterrühren und alles zugedeckt etwa 5 Minuten weiterköcheln lassen, bis die Garnelen gerade rosa sind. Den Reis auf 4 Schalen verteilen und das Jambalaya darauf anrichten.

RAGOUT AUS SCHWEINEFLEISCH & PILZEN MIT POLENTA

FÜR 8 PORTIONEN

Für das Ragout

1 mittelgroße **Karotte**, gedrittelt

1 mittelgroße **Fenchelknolle**, geviertelt

1 mittelgroße **Gemüsezwiebel**, abgezogen und geviertelt

1 **Knoblauchzehe**, abgezogen

½ TL **Salz**

1 Zweig **frischer Rosmarin**, davon die abgestreiften Nadeln

1 Zweig **frischer Thymian**, davon die abgezupften Blätter

1 Stängel **frischer Salbei**, davon die abgezupften Blätter

2 EL **Olivenöl**

240 ml selbst gemachte **Hühnerbrühe** (Rezept siehe S. 46) oder gekaufter **Hühnerfond**

2 EL **Zitronensaft**, frisch gepresst

450 g **Schweinehackfleisch**

2 große **Champignons**, entstielt und in ca. 1 cm große Stücke geschnitten

4 **Shiitake-Pilze**, entstielt und in ca. 1 cm große Stücke geschnitten

400 g **stückige Tomaten** aus der Dose

Für die Polenta

160 g **Polenta**

½ TL **Salz**

4 EL **Butter**

2 EL **Parmesan**, gerieben

frische Petersilie, gehackt, zum Servieren

Ein Teller voll cremiger Polenta – das italienische Pendant zur Maisgrütze – bettelt geradezu um eine würzig-pikante Beigabe. Unser Schweineragout mit den beiden Pilzsorten kommt dieser Bitte nach – und falls du bei dem Wort »Ragout« gleich befürchtest, den ganzen Tag in der Küche stehen zu müssen: keine Sorge! Dieses Rezept ist wie ein Shortcut: Es sorgt für die ganze Aromenvielfalt in nur einem Bruchteil der gewöhnlichen Zubereitungszeit. Außerdem lässt sich das Gericht wunderbar vorkochen, sodass du die ganze Woche etwas davon hast.

1 Für das Ragout Karotte, Fenchel, Zwiebel, Knoblauch, ¼ Teelöffel Salz, Rosmarin, Thymian und Salbei in die Küchenmaschine bzw. den Mixer geben und in etwa 1 Minute fein hacken.

2 Das Öl in einer großen Pfanne bei mittlerer Temperatur erhitzen und die Gemüsemischung hineingeben. Unter gelegentlichem Rühren 13 bis 15 Minuten braten, bis die Flüssigkeit verdampft ist und das Gemüse zu bräunen beginnt. Hühnerbrühe oder Hühnerfond sowie Zitronensaft angießen und mit einem Holzlöffel den Bratensatz vom Pfannenboden lösen. 5 Minuten köcheln lassen, bis der Großteil der Flüssigkeit verdampft ist.

3 Schweinehackfleisch, Pilze sowie das restliche Salz hinzufügen und alles etwa 4 Minuten braten; dabei das Hackfleisch mit dem Holzlöffel zerkleinern. Die Tomaten dazugeben und das Ragout rund 30 Minuten köcheln lassen, bis es schön eindickt.

4 In der Zwischenzeit für die Polenta 720 Milliliter Wasser in einem mittelgroßen Topf bei mittlerer bis hoher Temperatur zum Kochen bringen. Die Polenta unter Rühren einrieseln lassen. Aufkochen, anschließend die Hitze auf mittlere bis niedrige Temperatur reduzieren. Die Polenta etwa 20 Minuten köcheln lassen, dabei regelmäßig umrühren, bis sie cremig, aber noch leicht fest ist. Zum Schluss Salz, Butter und Parmesan unterrühren.

5 Die Polenta auf 8 Tellern verteilen und das Ragout darauf anrichten. Mit Petersilie bestreut servieren.

HACKBRATEN,
BESSER ALS BEI MUTTERN

FÜR 8 PORTIONEN

Für den Hackbraten

2 **Eigelbe** von Eiern Größe L

90 g **Paniermehl**

50 g **Parmesan**, gerieben

60 g **Sauerrahm** oder **griechischer Joghurt**

60 ml selbst gemachte **Hühnerbrühe** (Rezept siene S. 46) oder gekaufter **Hühnerfond**

2 EL **Ketchup**

1 EL **Salz**

1 EL **Zwiebelpulver**

1 EL **Petersilie**

1 TL **Knoblauchpulver**

1 TL **Chilipulver**

1 TL **getrockneter Oregano**

1 TL **geräuchertes Paprikapulver**

1 TL **Kreuzkümmel**, gemahlen

1 TL **schwarzer Pfeffer**, frisch gemahlen

900 g mageres **Rinderhackfleisch**

Für die Glasur

120 g **Ketchup**

60 ml **Rotweinessig**

3 EL **heller brauner Zucker**

1 TL **Chilisauce**

½ TL **Kreuzkümmel**, gemahlen

LIFE SKILL

Keine Angst: Fleisch ruhen zu lassen bedeutet nicht, es kalt essen zu müssen. Es bekommt dadurch nur ausreichend Zeit, seine Säfte gleichmäßig zu verteilen und seine Fasern zu entspannen – was übersetzt so viel heißt wie: zart, saftig und noch warm.

Natürlich kann dieser Hackbraten nie ganz wie bei Muttern werden, fehlt ihm doch dazu die entscheidende Zutat: Mamas Liebe, nicht wahr...? So. Guckt dir Mama jetzt nicht mehr über die Schulter? Gut, dann mal Butter bei die Fische: Auch Mutters Hackbraten wird fast immer trocken – aber das muss nicht sein! In diesem Rezept werden nur die Eigelbe verwendet, weil unserer Ansicht nach das Eiweiß für das Austrocknen des Fleischs verantwortlich ist. Außerdem liefern hier Sauerrahm und Brühe Extrafeuchtigkeit. Die verschiedenen Aromen in Fleisch und Glasur verhindern, dass das Rindfleisch zu sehr nach ... Rind schmeckt, medium-rare und Ruhenlassen sorgen dafür, dass das Fleisch durch, aber nicht totgegart ist. Wir lieben dich, Mama!

1   Den Ofenrost auf der mittleren Schiene in den Backofen schieben und den Backofen auf 200 °C vorheizen. Ein tiefes Backblech mit Backpapier auskleiden.

2   Für den Hackbraten Eigelbe, Paniermehl, Parmesan, Sauerrahm oder Joghurt, Hühnerbrühe oder Hühnerfond, Ketchup, Salz, Zwiebelpulver, Petersilie, Knoblauchpulver, Chilipulver, Oregano, Paprikapulver, Kreuzkümmel und Pfeffer in einer großen Schüssel verrühren. Das Hackfleisch dazugeben und alles mit sauberen Händen gründlich, aber rasch vermengen. Die Mischung auf das vorbereitete Backblech geben und zu einem Rechteck (ca. 25 x 12 cm) formen. Den Hackbraten 1 Stunde im Ofen garen, bis das Fleisch gebräunt ist und die Temperatur in der Mitte des Bratens etwa 65 °C beträgt. Letzteres mit einem Küchenthermometer prüfen.

3   In der Zwischenzeit für die Glasur Ketchup, Rotweinessig, braunen Zucker, Chilisauce und Kreuzkümmel in einen kleinen Topf geben und bei mittlerer bis hoher Temperatur erhitzen. Unter gelegentlichem Rühren etwa 15 Minuten köcheln lassen, bis die Glasur einreduziert ist und eindickt.

4   Den Hackbraten aus dem Ofen nehmen und rundum mit der Glasur bestreichen. Weitere 5 Minuten im Ofen garen, bis die Glasur karamellisiert. Den Hackbraten wieder aus dem Ofen nehmen, locker mit Alufolie bedecken und vor dem Servieren rund 20 Minuten ruhen lassen.

GRÜN-ZEUG

KÄSE-VEGGIEBURGER
DE LUXE

FÜR 4 PORTIONEN

Seien wir mal ehrlich: Statt zu tiefgefrorenen Veggieburgern greift man doch lieber zu Fleisch. Denn entweder bersten solche Burger vor hochverarbeitetem Soja und Bindemitteln, oder sie bestehen aus gefriergetrocknetem Gemüse, das bei der Zubereitung in Krümel zerfällt. Doch das muss nicht sein, denn hier ist er, unser Veggieburger mit sauberen Proteinen und Ballaststoffen, mit viel Geschmack und einer Konsistenz, die auch dem Grill standhält. Und weil Erwachsensein nicht immer Ernstsein bedeutet, bietet der Burger auch noch jede Menge Spaß in Form von Käse. Ob Veganer, Vegetarier, Pescetarier, Flexitarier oder Es-muss-ja-nicht-immer-Fleisch-sein-Mischköstler: Dieser Burger ist für alle da.

440 g **Kidneybohnen** aus der Dose, abgegossen und abgespült

75 g **Cashewkerne**

25 g **kernige Haferflocken**

45 g **Quinoa**, gekocht

25 g **Parmesan**, gerieben, oder 15 g **Hefeflocken**

1 TL **Chilipulver**

½ TL **Kreuzkümmel**, gemahlen

½ TL **geräuchertes Paprikapulver**

½ TL **Salz**

½ TL **schwarzer Pfeffer**, frisch gemahlen

2 **Eigelbe** von Eiern Größe L oder 1 EL **gemahlene Chiasamen** oder 1 EL **gemahlene Leinsamen**, in 3 EL Wasser eingeweicht

½ mittelgroße **rote Zwiebel**, abgezogen und grob gehackt

4 Scheiben **Scheibletten-Käse** oder **veganer Käse** (optional)

55 g **Mozzarella**, gerieben, oder **veganer Käse**, gerieben (optional)

4 **Hamburgerbrötchen** mit Sesamsamen

3 EL **Olivenöl**

Fleischtomate, in Scheiben geschnitten, **rote Zwiebel**, abgezogen und in feine Scheiben geschnitten, **Kopfsalat, Ketchup, Senf** und **Mayonnaise** zum Belegen/Bestreichen (optional)

1 Den Ofenrost auf der mittleren Schiene in den Backofen schieben und den Backofen auf 190 °C vorheizen.

2 Die Kidneybohnen auf einer Seite und die Cashewkerne auf der anderen Seite eines tiefen Backblechs ausbreiten (**A**). Etwa 10 Minuten im Ofen backen, bis die Cashewkerne goldbraun und die Bohnen getrocknet und geplatzt sind. 10 Minuten abkühlen lassen.

3 Cashewkerne, Haferflocken, Quinoa, Parmesan oder Hefeflocken, Chilipulver, Kreuzkümmel, Paprikapulver, Salz und Pfeffer in der Küchenmaschine bzw. im Mixer zu einer sandigen Mischung verarbeiten. Eigelbe oder Chia- oder Leinsamen, Zwiebel und Kidneybohnen hinzufügen und alles zu einer dicken, feuchten Mischung mixen (**B**). Die Mischung in 4 gleich große Portionen teilen.

4 Bei einer Käsefüllung die Käsescheiben nebeneinanderlegen und in die Mitte jeweils 1 Esslöffel Mozzarella oder geriebenen veganen Käse geben. Zusammenfalten und zu festen Kugeln formen (**C**). Die Käsekugeln in die Mitte der Patties geben und das »Fleisch« um die Käsekugeln herum zusammendrücken (**D**).

5 Die Patties anschließend flach drücken, sie sollten etwa 1 Zentimeter dick sein.

6 Die Hamburgerbrötchen halbieren und eine große Grill- oder andere Pfanne bei mittlerer bis hoher Temperatur erhitzen. Mit 1 Esslöffel Öl auspinseln und 4 Brötchenhälften in die Pfanne legen (**E**). Sanft flach drücken und etwa 2 Minuten rösten, bis die Brötchen schöne Grillstreifen haben. Anschließend auf eine Servierplatte legen und den Vorgang wiederholen.

7 Die Pfanne mit dem restlichen Öl ausstreichen. Die Patties hineinlegen und sanft flach drücken. Rund 5 Minuten in der Pfanne grillen, dann wenden (**F**). Noch einmal flach drücken und weitere 5 Minuten grillen, bis der Käse in der Mitte der Patties geschmolzen ist.

8 Die Burger nach Belieben mit Tomate, Zwiebel, Salat, Ketchup, Senf und/oder Mayonnaise fertigstellen. Wir sagen: Hier ist mehr mehr!

A

B

C

D

E

F

CURRY AUS GEBACKENEN AUBERGINEN

FÜR 6 PORTIONEN

2 mittelgroße **Auberginen**

120 ml **Pflanzenöl**

Salz

schwarzer Pfeffer, frisch gemahlen

½ mittelgroße **Gemüsezwiebel**, abgezogen und fein gehackt

2½ EL **Currypulver**

3 **Knoblauchzehen**, abgezogen und fein gehackt

1 Stück **frischer Ingwer**, ca. 2½ cm, geschält und fein gehackt

3 **Pflaumentomaten**, gewürfelt

400 ml **Kokosmilch**

gekochter Reis zum Servieren

frischer Koriander, gehackt, zum Servieren

Die Aubergine ist eine gern übersehene Gemüseheldin, die unbedingt mehr Aufmerksamkeit verdient. Sie steckt voller Vitamine und Mineralstoffe und bleibt standhaft, wo Spinat zusammenfällt. Sie ist robust genug, um uns auch rustikalere Zubereitungsmethoden nicht übel zu nehmen. Unser Auberginencurry passt sich an fast jeden Ernährungsstil an und ist eine einfallsreiche Möglichkeit, einen Teller mit pflanzenbasiertem Genuss zu füllen, der lange satt und glücklich macht.

1   Den Ofenrost auf der mittleren Schiene in den Backofen schieben und den Backofen auf 200 °C vorheizen.

2   Das obere Ende der Auberginen abschneiden und entsorgen. Die Auberginen in Würfel schneiden und auf einem tiefen Backblech ausbreiten. Mit der Hälfte des Pflanzenöls vermengen und mit Salz sowie Pfeffer würzen. Etwa 25 Minuten im Ofen backen, dabei nach der Hälfte der Backzeit wenden, bis die Auberginenwürfel weich und goldbraun sind.

3   Das restliche Pflanzenöl in einem Schmortopf bei mittlerer bis niedriger Temperatur erhitzen. Die Zwiebel hineingeben und unter gelegentlichem Rühren etwa 8 Minuten in dem Öl dünsten, bis sie weich ist und zu bräunen beginnt. Currypulver, Knoblauch und Ingwer unterrühren und großzügig mit Salz sowie Pfeffer würzen. Rund 1 Minute weiterdünsten, bis die Gewürze zu duften beginnen.

4   Tomaten, Kokosmilch und 120 Milliliter Wasser hinzufügen und alles gründlich verrühren. Die gebackenen Auberginenwürfel unterrühren. Das Curry zum Köcheln bringen, dann die Hitze auf niedrige Temperatur reduzieren. Das Curry zugedeckt rund 25 Minuten köcheln lassen, bis die Sauce leicht eindickt.

5   Das Curry auf Reis und mit Koriander bestreut servieren.

KÜRBIS-ENCHILADAS

FÜR 4–6 PORTIONEN

Für die Enchiladas

450 g **Butternut-Kürbis**, geschält und in Würfel geschnitten

1 EL **Olivenöl**

Salz

schwarzer Pfeffer, frisch gemahlen

200 g **Grünkohl**, gehackt

440 g **schwarze Bohnen** aus der Dose, abgegossen und abgespült

1 **Knoblauchzehe**, abgezogen und fein gehackt

½ TL **geräuchertes Paprikapulver**

½ TL **Kreuzkümmel**, gemahlen

½ TL **Chilipulver**

12 **Maistortillas** à 15 cm Ø

120 g **Parmesan**, zerstoßen bzw. grob gerieben

Für die Kürbissauce

425 g **Kürbispüree** aus der Dose

1 **Jalapeño-Chilischote**, entstielt

5 **Knoblauchzehen**, abgezogen

1 TL **Chilipulver**

½ TL **Salz**

Ja, diese Enchiladas sind tatsächlich mit Kürbis, Kohl und schwarzen Bohnen gefüllt – das macht sie zu einem Musterbeispiel an Nährstoffen, Ballaststoffen und wertvollem pflanzlichem Eiweiß. Was dir an diesem Gericht aber in erster Linie in Erinnerung bleiben wird, ist die unfassbar einfache und doch höchst effektive Kürbissauce. Bei der Füllung kannst du verwenden, was auch immer wegmuss – Tortillas sind prima Resteverwerter! –, eine Dose Kürbispüree jedoch solltest du stets vorrätig haben, denn die Sauce passt bei Weitem nicht nur zu Enchiladas.

1   Den Ofenrost auf der mittleren Schiene in den Backofen schieben und den Backofen auf 200 °C vorheizen.

2   Für die Enchiladas Butternut-Kürbis und Olivenöl auf ein tiefes Backblech geben und vermengen. Mit Salz und Pfeffer würzen. Etwa 30 Minuten im Ofen backen, dabei nach der Hälfte der Backzeit wenden, bis der Kürbis gar ist und zu bräunen beginnt. Aus dem Ofen nehmen und Grünkohl, schwarze Bohnen, Knoblauch, Paprikapulver, Kreuzkümmel sowie Chilipulver zum Kürbis auf das heiße Backblech geben. Vermengen, um den Kohl zusammenfallen zu lassen und die Gewürze zu rösten (**A**).

3   In der Zwischenzeit für die Kürbissauce Kürbispüree, Chili, Knoblauch, Chilipulver und Salz mit 120 Milliliter Wasser in den Mixer oder die Küchenmaschine geben. In rund 2 Minuten glatt mixen (**B**).

4   Die Tortillas aufeinanderstapeln, in Alufolie wickeln und auf dem Ofenrost etwa 5 Minuten im Ofen erwärmen, bis sie etwas weicher sind. Aus der Folie wickeln, aber Achtung: Darin hat sich heißer Dampf gesammelt.

5   Die Hälfte der Kürbissauce auf dem Boden einer Auflaufform (ca. 23 x 33 cm) verteilen und die Butternut-Kürbis-Mischung auf dem Blech in 12 Portionen teilen. 1 Tortilla mit 1 Portion Butternut-Kürbis-Mischung füllen und aufrollen. Mit der Nahtstelle nach unten in die Auflaufform legen. Mit den restlichen Tortillas ebenso verfahren (**C**). Mit der restlichen Kürbissauce bedecken und mit dem Parmesan bestreuen.

6   Die Enchiladas etwa 20 Minuten im Ofen überbacken, bis der Käse zu bräunen beginnt. Vor dem Servieren rund 10 Minuten abkühlen lassen.

GESCHMORTE BOHNEN
MIT PARMESAN-PANIERMEHL-TOPPING

FÜR 2–4 PORTIONEN

Für die Bohnen

400 g **stückige Tomaten** aus der Dose

2 Zweige **frischer Thymian**

2 **Lorbeerblätter**

1 **Knoblauchzehe**, abgezogen und zerdrückt

800 g **Limabohnen** (alternativ **weiße Riesenbohnen**) aus der Dose, abgegossen und abgespült

Salz

schwarzer Pfeffer, frisch gemahlen

Für das Topping

1 EL **Olivenöl**

30 g **Paniermehl**

¼ TL **Knoblauchpulver**

½ EL **Parmesan**, gerieben

½ TL **getrockneter Oregano**

1 TL **frische Petersilie**, fein gehackt

Nicht selten sind es die einfachsten Gerichte, die am meisten Trost spenden. Dieses hier ist mehr als die Summe seiner Teile, hier mischen sich die klassischen Aromen von Tomate, Thymian und Knoblauch mit dem etwas exotischeren Geschmack von Limabohnen, bevor alles mit knusprigen Parmesan-Semmelbröseln bestreut wird. Es ist eines jener Gerichte, bei denen man nach dem ersten Bissen glaubt, es schon immer zubereitet zu haben, und wenn nicht, so hoffen wir, dass es auf jeden Fall ab jetzt zu deinem Standardrepertoire gehört.

1   Für die Bohnen Tomaten, Thymian, Lorbeer und Knoblauch in einen mittelgroßen Topf geben und bei mittlerer Temperatur erhitzen. Unter gelegentlichem Rühren rund 15 Minuten köcheln lassen, bis die Sauce leicht eindickt. Die Bohnen unterrühren und alles mit Salz und Pfeffer würzen. Die Hitze auf niedrige Temperatur reduzieren und die Bohnen zugedeckt mitköcheln lassen, bis das Topping zubereitet ist.

2   In der Zwischenzeit für das Topping Olivenöl, Paniermehl, Knoblauchpulver, Parmesan, Oregano und Petersilie in eine mittelgroße Pfanne geben und bei mittlerer Temperatur erhitzen. Alles unter gelegentlichem Rühren etwa 5 Minuten in der Pfanne rösten, bis das Paniermehl schön gebräunt ist und die Gewürze zu duften beginnen.

3   Die Bohnen in eine Servierschüssel füllen. Thymianzweige und Lorbeerblätter herausfischen und entsorgen. Die Hälfte des Toppings über die Bohnen streuen und die andere Hälfte zu den Bohnen servieren.

MIT QUINOA & FETA GEFÜLLTE PAPRIKA

FÜR 4 PORTIONEN

4 mittelgroße **Paprikaschoten**

1¼ TL **Salz**

3 EL **Olivenöl**

1 mittelgroße **Schalotte**, abgezogen und fein gehackt

2 **Knoblauchzehen**, abgezogen und fein gehackt

½ TL **Kreuzkümmel**, gemahlen

½ TL **Kurkuma**, gemahlen

½ TL **geräuchertes Paprikapulver**

½ TL **Zimtpulver**

¼ TL **schwarzer Pfeffer**, frisch gemahlen

180 g **Quinoa**, abgespült und abgetropft

420 ml **Gemüsebrühe**

20 g **Mandelblättchen**

25 g **Pekannüsse**, geröstet und grob gehackt

40 g **Sultaninen**

30 g **getrocknete Cranberrys**

40 g **Feta**, zerkrümelt

Einige vegetarische Gerichte versuchen, das fehlende Fleisch zu ersetzen, andere stehen zu dem, was sie sind, und werden dadurch sogar noch besser. Die gewürzreiche Füllung aus Quinoa, Früchten, Nüssen und Feta passt so gut zu den Paprikaschoten, dass sich das entstandene Gericht brandneu und zugleich ungeheuer nostalgisch ausnimmt. Äußerst angenehm und praktisch nach einem langen Arbeitstag ist es, wenn du die Füllung am Morgen vorbereitest und die Paprikaschoten abends nur noch in den Ofen schieben musst.

1   Den Ofenrost auf der mittleren Schiene in den Backofen schieben und den Backofen auf 200 °C vorheizen.

2   Das obere Ende der Paprikaschoten abschneiden und Samen sowie weiße Trennwände entfernen. Die Schoten in eine Auflaufform (20 x 20 cm) stellen und innen mit ½ Teelöffel Salz würzen.

3   Das Öl in einem großen Topf bei mittlerer bis hoher Temperatur erhitzen. Die Schalotte hineingeben und etwa 5 Minuten in dem Öl andünsten. Knoblauch, Kreuzkümmel, Kurkuma, Paprikapulver, Zimt und Pfeffer hinzufügen und rund 1 Minute mitdünsten, bis die Gewürze zu duften beginnen.

4   Die Quinoa in den Topf geben und etwa 2 Minuten in der Gewürzmischung anrösten. Die Gemüsebrühe angießen und ½ Teelöffel Salz unterrühren. Alles zum Kochen bringen, anschließend die Hitze auf niedrige Temperatur reduzieren. Die Mischung zugedeckt 15 Minuten köcheln lassen, dann den Topf vom Herd nehmen, aber zugedeckt lassen. Die Quinoa noch 5 Minuten quellen lassen. Mit einer Gabel auflockern und Mandeln, Pekannüsse, Sultaninen, Cranberrys sowie Feta unterrühren.

5   Die Quinoafüllung in die Paprikaschoten geben (wenn etwas übrig bleibt, ist das auch kein Problem, denn die Füllung schmeckt als Beilage zu anderen Gerichten ebenfalls köstlich). 180 Milliliter Wasser in die Auflaufform gießen und mit dem restlichen Salz leicht verrühren. Die Form fest mit Alufolie bedecken und die Paprikaschoten 40 bis 45 Minuten im Ofen garen, bis das Wasser verdampft und das Gemüse knackig-zart ist.

BROC TOCS

FÜR 6 TACOS

½ mittelgroße **Schalotte**, abgezogen und in dünne Scheiben geschnitten

Saft von 1 **Limette**

Salz

1 Kopf **Brokkoli**, in kleine Röschen geteilt

1 EL **Olivenöl**

6 **Weizentortillas** à 15 cm Ø

120 g **gemischter geriebener Käse**, z. B. Gouda, Cheddar, Emmentaler und Mozzarella

6 **Taco Shells** (= Maistortillas)

Feta, zerkrümelt, und **Chilisauce** zum Servieren

Brokkoli in Tacos? Nicht gleich die Nase rümpfen – erst probieren! Das Rösten im Ofen und die Knackigkeit des Kreuzblütlers machen ihn zu einer überraschend schmackhaften Füllung. Die marinierten Schalotten steuern etwas Säure bei, und der Feta ist quasi das Salz in der Suppe. Nicht zu vergessen natürlich die Tortilla, die sich um die Taco-Schale schmiegt: Die macht die Broc Tocs zu einem echten Erlebnis!

1 Ofenroste auf der mittleren Schiene sowie im unteren Drittel in den Backofen schieben und den Backofen auf 230 °C vorheizen.

2 Schalotte, Limettensaft und 1 großzügige Prise Salz in einer kleinen Schüssel vermengen. Beiseitestellen.

3 Brokkoli, Öl und 1 weitere großzügige Prise Salz auf ein tiefes Backblech geben und vermengen. Auf dem mittleren Rost 20 Minuten im Ofen rösten, dabei nach 10 Minuten einmal wenden, bis der Brokkoli zart und stellenweise gebräunt ist.

4 Die Tortillas auf einem zweiten tiefen Backblech ausbreiten und den Käse bis zum Rand gleichmäßig darauf verteilen. Auf dem Rost im unteren Drittel des Backofens 5 Minuten erwärmen, bis der Käse geschmolzen ist. Das Blech aus dem Ofen nehmen und auf jede Tortilla 1 Taco Shell legen und sanft in den Käse drücken. Mithilfe eines Pfannenwenders die andere Hälfte der Tortilla über die Taco Shell schlagen und auch diese sanft andrücken. Dabei darauf achten, dass die Taco Shell nicht zerbricht. Mit den restlichen Tortillas und Taco Shells ebenso verfahren. Auf dem Backblech etwas abkühlen lassen.

5 Den Brokkoli in die Taco Shells füllen und mit einigen Schalottenscheiben belegen. Mit Feta bestreut und mit 1 Spritzer Chilisauce versehen servieren.

RAHMPILZ-CROSTINI
MIT POCHIERTEM EI

FÜR 2 PORTIONEN

2 EL **Olivenöl**

3 **Knoblauchzehen**, abgezogen und
fein gehackt

1 TL **geräuchertes Paprikapulver** +
etwas mehr zum Servieren

400 g gemischte **Pilze**,
klein geschnitten

1 TL **Salz**

60 g **Sahne**

3 **Frühlingszwiebeln**,
in feine Ringe geschnitten

4 **Eier** (Größe L)

4 Scheiben **Weißbrot**, 2½ cm dick

Hin und wieder stößt man auf sie – jene raren Gerichte, die sich zum Frühstück oder Brunch ebenso gut machen wie zum Lunch oder Dinner. Okay: Zerealien – egal in welcher Form – gehen immer und machen kaum Mühe. Doch wie hört sich das an: cremig-würzige Pilze auf knusprig geröstetem Weißbrot und obenauf noch ein pochiertes Ei? Das möchte man doch sofort genießen, egal, wie spät es ist!

1 In einem mittelgroßen Topf Wasser bei mittlerer Temperatur zum Kochen bringen.

2 In der Zwischenzeit in einer großen Pfanne 1 Esslöffel Olivenöl bei mittlerer Temperatur erhitzen. Den Knoblauch etwa 1 Minute darin andünsten, bis er zu duften beginnt. Paprikapulver, Pilze und Salz hinzufügen und unter gelegentlichem Rühren rund 10 Minuten mitdünsten, bis die Pilze leicht bräunen. Die Sahne sowie ¾ der Frühlingszwiebelringe unterrühren und die Mischung anschließend in eine Schüssel geben. Die Pfanne auswischen.

3 1 Ei in eine kleine Schüssel aufschlagen und es sanft ins kochende Wasser gleiten lassen. Mit den restlichen Eiern ebenso verfahren. Die Eier 2 bis 4 Minuten kochen, bis sich das Eiweiß verfestigt hat, die Eigelbe aber noch flüssig sind. Mit einem Schaumlöffel herausheben und auf Küchenpapier abtropfen lassen.

4 In der gesäuberten Pfanne das restliche Olivenöl bei hoher Temperatur erhitzen. Die Weißbrotscheiben hineinlegen, etwa 2 Minuten goldbraun im Öl braten, wenden und weitere 2 Minuten goldbraun rösten.

5 Jeweils 2 Scheiben Weißbrot auf einen Teller legen. Die Pilzmischung darauf anrichten und diese mit 1 pochierten Ei pro Brotscheibe belegen. Mit etwas geräuchertem Paprikapulver bestreuen und mit den restlichen Frühlingszwiebelringen garniert servieren.

LIFE SKILL

Eier pochiert man am einfachsten, indem man sie in kochendes Wasser hineingleiten lässt. Das vorherige Aufschlagen in einer Schüssel *(siehe S. 156)* verhindert erstens, dass Eierschale ins Wasser gerät, und sorgt zweitens für ein wirklich sanftes Gleiten, weil du den Rand der Schüssel ins Wasser tauchen kannst.

VEGETARISCHE »HUMMER«-BRÖTCHEN

FÜR 4 PORTIONEN

800 g **Palmherzen** aus der Dose, abgegossen

1 große Stange **Sellerie**, in kleine Würfel geschnitten

2 EL **frischer Dill**, gehackt

3 EL **frischer Schnittlauch**, gehackt

2 TL **Old-Bay-Gewürzmischung**

75 g **Mayonnaise**

2 **Bio-Zitronen**

4 **Hotdog-Brötchen**

2 EL **Butter**, zerlassen

Wenn du je ein Palmherz vor dir hattest und dich gefragt hast, was um Himmels willen du damit anfangen sollst, dann haben wir die Antwort für dich. Allen, die Hummer – oder den Preis von Hummer – nicht ausstehen können, vermitteln diese elegant zubereiteten Palmherzen sofort ein Gefühl von Sommer. Ein wenig Old-Bay-Gewürzmischung in einem einfachen Salat, umhüllt von in Butter getränkten gerösteten Brötchen, und du hörst das Meer rauschen und die Möwen kreischen und spielst auf einem Pier sitzend mit den Zehen im Wasser.

1 Die Palmherzen in unregelmäßige, 2½ bis 5 Zentimeter große diagonale Stücke schneiden und in eine große Schüssel geben. Sellerie, Dill, 2 Esslöffel Schnittlauch, Old-Bay-Gewürzmischung sowie Mayonnaise dazugeben und alles gründlich vermengen. Den Saft von 1 Zitrone dazugießen und unterrühren.

2 Eine mittelgroße Pfanne bei mittlerer Temperatur erhitzen. Die Hotdog-Brötchen innen mit Butter auspinseln und auf der gebutterten Seite in die Pfanne legen. Sanft flach drücken und in etwa 2 Minuten goldbraun rösten.

3 Die restliche Zitrone in 8 Spalten schneiden. Die Palmherzmischung in die Hotdog-Brötchen füllen und mit dem restlichen Schnittlauch garnieren. Die Zitronenspalten zu den »Hummer«-Brötchen servieren.

LIFE SKILL

Niemand beißt beim Essen gern auf Zitronenkerne. Das kannst du vermeiden, indem du die Zitrone über deiner gewölbten Hand ausdrückst, so die Kerne auffängst und nur den Saft durch deine Finger ins Gericht träufeln lässt. Das funktioniert übrigens nicht nur mit Zitronen, sondern auch mit anderen Zitrusfrüchten.

SÜSSES
FINALE

KONFETTI-KÄSEKUCHEN

FÜR 8–10 STÜCKE

Der Konfetti-Kuchen ist was für Kinder, der Käsekuchen der ideale Begleiter zum Kaffee-kranz-Likörchen – und unser Konfetti-Käsekuchen eignet sich demnach perfekt für alle Altersstufen dazwischen. (Das musst du jetzt nicht nachrechnen – back einfach drauflos.) Apropos rechnen: Wenn's um den Nachtisch geht, hat sich die Formel »Warum nur eins, wenn man beides haben kann« ohnehin bestens bewährt. Den Boden dieses herrlich säuerlichen Käsekuchens bildet eine Backmischung. Etwas Schlagsahne aus der Sprühflasche sowie bunte Zuckerstreusel beweisen einmal mehr, dass das Alter nur eine Zahl ist. Der Kuchen schmeckt einfach zu jedem Geburtstag und übrigens auch bei jedem anderen Anlass zum Feiern.

Antihaft-Kochspray

1 Packung **Backmischung für hellen Rührteig** + die auf der Packung angegebenen weiteren Zutaten

240 ml **Milch**

1 EL geschmacksneutrales **Gelatinepulver**

900 g zimmerwarmer **Frischkäse** (Doppelrahmstufe)

225 g **Zucker**

1 EL **Vanilleextrakt**

Schlagsahne zum Servieren

bunte Zuckerstreusel zum Servieren

1 Den Ofenrost auf der mittleren Schiene in den Backofen schieben und den Backofen auf 175 °C vorheizen. Eine Springform (26 cm Ø) leicht mit Kochspray einfetten.

2 Die Backmischung nach Packungsanleitung zubereiten und den Teig in die gefettete Springform füllen. 35 Minuten oder nach Angabe in der Packungsanleitung im Ofen backen; der Kuchen ist gar, wenn an einem in der Mitte hineingesteckten Holzstäbchen kein Teig mehr hängen bleibt. Vollständig in der Form abkühlen lassen, das dauert etwa 2 Stunden.

3 Die Milch erhitzen und das Gelatinepulver unter Rühren darin auflösen. Etwas abkühlen lassen und anschließend Frischkäse, Zucker und Vanilleextrakt unterrühren. Die Frischkäsemischung auf den abgekühlten Kuchen geben. Locker mit Klarsichtfolie bedecken und den Kuchen für 3 bis 12 Stunden in den Kühlschrank stellen.

4 Den Kuchen mit einem scharfen Messer vom Rand der Springform lösen und Letzteren vorsichtig abnehmen. Den Kuchen mit Schlagsahne und Zuckerstreuseln garniert servieren.

SCHOKO-DREAM-CAKE OHNE MEHL

FÜR 8–10 STÜCKE

Antihaft-Kochspray

255 g **Zartbitterschokolade**

115 g **Butter**, in Würfel geschnitten

1 TL **Orangenschale**

1 EL **Orangensaft**, frisch gepresst

6 **Eier** (Größe L)

230 g **Zucker**

480 g kalte **Sahne**

30 g **Puderzucker**

1 TL **Vanilleextrakt**

2 EL **ungesüßtes Kakaopulver**

Kann etwas gleichzeitig viel zu viel und nicht genug sein? Hast du auch schon mal jemanden stöhnen hören: »Bin ich satt!«, während dieser Jemand gleichzeitig nach einem weiteren Stück Kuchen schielte? Hast du schon mal gesagt: »Nimm das bloß weg!«, und dich dann mit aller Kraft an den Teller geklammert? Innen kompakt, außen baiserartig, obendrauf ein spektakulärer Haufen Schlagsahne … War dieser Kuchen nur ein Traum? Oder warten noch Reste in der Küche für einen Mitternachtssnack …?

1 Den Ofenrost auf der mittleren Schiene in den Backofen schieben und den Backofen auf 175 °C vorheizen. Eine Springform (24 cm Ø) leicht mit Kochspray einfetten und auf ein tiefes Backblech stellen.

2 30 Gramm Zartbitterschokolade beiseitestellen, die restliche Schokolade fein hacken. Mit der Butter in eine mittelgroße mikrowellenfeste Schüssel geben und auf höchster Stufe 90 Sekunden lang in der Mikrowelle erhitzen, bis die Schokolade vollständig geschmolzen ist. Dabei mit einem Spatel alle 30 Sekunden umrühren (**A**). (Ist die Schokolade noch nicht vollständig geschmolzen, in 15-Sekunden-Intervallen weiter erhitzen.) Orangenschale sowie Orangensaft unter die Schokoladen-Butter-Mischung rühren.

3 Die Eier trennen, dabei Eigelbe und Eiweiß in zwei separate große Schüsseln geben *(siehe Life Skill S. 156)*. Das Eiweiß mit dem elektrischen Handrührgerät auf niedrigster Stufe in 2 bis 3 Minuten fast steif schlagen (**B**). 115 Gramm Zucker zugeben und das Eiweiß auf mittlerer bis hoher Stufe in 1 bis 2 Minuten ganz steif schlagen.

Fortsetzung ➜

A

B

C

D

E

F

4 Die Eigelbe und den restlichen Zucker mit dem elektrischen Handrühr-gerät auf niedrigster Stufe in etwa 1 Minute schaumig schlagen. Die Schokoladenmischung hinzufügen und rund 1 Minute weitermixen. Mit einem Spatel ⅓ des Eischnees unter die Mischung heben (**C**). Den rest-lichen Eischnee dazugeben und ebenfalls unterheben. Nur so lange wie nötig rühren, damit die Mischung nicht zusammenfällt.

5 Den Teig in die vorbereitete Springform füllen und zusammen mit dem Backblech in den Ofen schieben. Den Kuchen etwa 35 Minuten im Ofen backen, bis er sichtbar aufgegangen ist. Auf einen Ofenrost stellen und vollständig in der Springform abkühlen lassen; das dauert 1 bis 2 Stunden. Nachdem der Kuchen im Ofen aufgegangen ist, wird er beim Abkühlen etwas zusammenfallen und Risse bilden (**D**).

6 Den Kuchen mit einem scharfen Messer vom Rand der Springform lö-sen und Letzteren entfernen. Die Sahne in eine große Schüssel geben und mit dem elektrischen Handrührgerät zunächst auf niedrigster Stufe und schließlich auf mittlerer bis hoher Stufe in 3 bis 4 Minuten steif schlagen (**E**). Puderzucker und Vanilleextrakt hinzufügen und in rund 1 Minute auf niedrigster Stufe unterrühren. Die Hälfte der Schlagsahne in eine mittelgroße Schüssel umfüllen und das Kakaopulver unterrüh-ren. Die Vanille- und Schokosahne abwechselnd löffelweise auf den Kuchen geben (**F**) und mit einem Buttermesser zu einem Muster ver-rühren. Mit einem Sparschäler Späne von der beiseitegestellten Schokolade hobeln und den Kuchen damit verzieren.

LIFE SKILL

Zum Trennen von Eiern das Ei aufschlagen und über einer kleinen Schüssel in die gewölb-te Hand gleiten lassen. So fließt das Eiweiß durch die Fin-ger in die Schüssel, während das Eigelb in der Handfläche bleibt. Dieses kommt dann in eine getrennte Schüssel.

FRITTIERTES EIS LEICHT GEMACHT

FÜR 4 PORTIONEN

90 g **Puffreis**

4 EL **Butter**

1 TL **Zimtpulver**

1 l **Eiscreme** nach Geschmack

Honig, Schlagsahne, Karamell- oder Schokoladensauce und/oder **Zimtzucker** als Topping (optional)

Frittiertes Eis – das klingt einigermaßen unsinnig. Durch den Verzicht auf eine Fritteuse ergibt dieser Nachtisch allerdings durchaus Sinn. (Beim Erwachsensein geht es nicht nur darum, Regeln zu brechen, sondern auch darum, sie besser zu machen.) Zerkrümelter, in Butter und mit Zimt gerösteter Puffreis wird zum perfekten Knuspermäntelchen fürs Eis, bei dem das Frittieren sich als überflüssig herausstellt. Und beim Topping sind der Fantasie überhaupt keine Grenzen mehr gesetzt. Sei kreativ oder, besser noch, bau eine Topping-Bar auf, an der sich jeder seinen Eisbecher selbst zusammenstellen kann.

1   Den Puffreis in einen großen Zip-Beutel geben und mit einem Nudelholz zerstoßen. Die Butter in einer großen Pfanne bei mittlerer Temperatur zerlassen. Den Zimt hineinstäuben, den zerkleinerten Puffreis dazugeben und alles gründlich vermengen. Unter gelegentlichem Rühren etwa 5 Minuten rösten, bis der Puffreis goldbraun ist. In eine breite, flache Schüssel füllen und vollständig abkühlen lassen.

2   Die Eiscreme im Behälter in 4 Portionen teilen und anschließend mit den Händen zu Kugeln formen, als würde man Schneebälle machen. In der Puffreismischung wenden, dabei die »Panade« fest andrücken, und auf ein tiefes Backblech legen. Für mindestens 15 Minuten ins Gefrierfach stellen und nach Belieben mit verschiedenen Toppings servieren.

ZITRUS-OLIVENÖL-KUCHEN

FÜR 8 STÜCKE

Antihaft-Kochspray

170 g **Mehl**

225 g **Zucker**

½ TL **Natron**

½ TL **Backpulver**

¼ TL **Salz**

2 **Eier** (Größe L)

140 g **griechischer Joghurt**

2 TL **Orangenschale**

60 ml **Orangensaft**, frisch gepresst

120 ml **Olivenöl**

60 g **Puderzucker**

1 EL **Zitronenschale**

2 EL **Zitronensaft**, frisch gepresst

Die doppelte Zitruspower von Orange und Zitrone macht aus diesem Kuchen einen überraschend erfrischenden Nachtisch. Und mehr noch: Statt Orange und Zitrone, die wir hier verwendet haben, eignet sich im Grunde jede säuerliche Frucht für ihn. Ob Limette, Grapefruit, Blutorange oder Satsuma: Wähl einfach aus, was gerade Saison hat und gut aussieht. Das Olivenöl sorgt für reichlich Feuchtigkeit im Kuchen und wird nur allzu gern von der frischen Leichtigkeit der Früchte ausgeglichen. Wer keine Kastenform hat, nimmt einfach eine quadratische Backform (20 x 20 cm).

1   Den Ofenrost auf der mittleren Schiene in den Backofen schieben und den Backofen auf 175 °C vorheizen. Eine Kastenform (ca. 25 x 12 cm) leicht mit Kochspray einfetten und auf ein tiefes Backblech stellen.

2   Mehl, Zucker, Natron, Backpulver und Salz in einer großen Schüssel verrühren. Eier, Joghurt, Orangenschale, Orangensaft sowie Olivenöl dazugeben und rasch mit den trockenen Zutaten vermengen. Den Teig in die vorbereitete Form füllen und die Form auf dem Backblech in den Ofen schieben. Den Kuchen 45 bis 50 Minuten im Ofen backen, bis an einem in der Mitte hineingesteckten Zahnstocher oder Holzstäbchen kein Teig mehr hängen bleibt.

3   Den Kuchen in der Form auf einem Kuchengitter etwa 10 Minuten abkühlen lassen. In der Zwischenzeit Puderzucker, Zitronenschale und Zitronensaft in einer kleinen Schüssel verrühren. Den Kuchen aus der Form stürzen und auf das Kuchengitter stellen. Noch warm mit dem Zitronenzuckerguss bestreichen. Vollständig abkühlen lassen und in Scheiben geschnitten servieren.

SELBST GEMACHTE
HEISSE SCHOKOLADE

FÜR 1 TASSE

240 ml **Milch**

2½ EL **ungesüßtes Kakaopulver**

1½ EL **Zucker**

1 Prise **Zimtpulver**

1 Prise **Salz**

1 Prise **Cayennepfeffer** (optional)

Schlagsahne und
Schokoladenspäne
zum Servrerer (optional)

Eine Tasse heiße Schokolade – gibt es etwas Schöneres, das am Ende eines Tages auf einen warten könnte (oder, um ehrlich zu sein, auch am Anfang eines Tages …)? Die kannst du dir Tasse für Tasse zubereiten oder dir davon gleich einen Vorrat für den Winter anlegen. Wir servieren die heiße Schokolade hier mit einer Sahnehaube, doch wer noch nicht ganz so erwachsen ist, darf auch Mini-Marshmallows nehmen (wir mögen dich trotzdem … oder gerade deswegen). Das Erwachsene an der Sache besteht ohnehin in dem Wissen, wie man sich Trost verschaffen kann, wenn man ihn braucht.

1   Die Milch in eine mikrowellenfeste Tasse gießen und in 30-Sekunden-Intervallen 1 bis 2 Minuten in der Mikrowelle erhitzen. Kakaopulver, Zucker, Zimtpulver, Salz und nach Belieben Cayennepfeffer dazugeben und gut verrühren.

2   Nach Belieben mit Schlagsahne und Schokoladenspänen garniert servieren.

SCHOKOLADENMISCHUNG
AUF VORRAT

FÜR 20 TASSEN

375 g **ungesüßtes Kakaopulver**

450 g **Zucker**

1 EL **Zimtpulver**

1 EL **Salz**

1   Kakaopulver, Zucker, Zimt und Salz in einen großen Aufbewahrungsbehälter geben, fest verschließen und gründlich schütteln, damit sich die Zutaten vermengen.

2   Etwa 40 Gramm der Mischung statt des Kakaos, Zuckers, Zimtpulvers und Salzes aus dem Rezept oben verwenden. An einem kühlen, trockenen Ort hält sich die Mischung bis zu 6 Monate.

LIFE SKILL

Mit Backpapier schlüpfen
extraklebrige Kuchen wie
dieser viel leichter aus
der Form. Außerdem er-
spart es dir eine Menge
Abwasch!

AUF DEN KOPF GESTELLTER
KARAMELL-APFEL-KUCHEN

FÜR 8 STÜCKE

Antihaft-Kochspray

Für das Karamell

200 g **heller brauner Zucker**

4 EL **Butter**

1 TL **Vanilleextrakt**

1 TL **Zimtpulver**

25 g **Pekannüsse**, gehackt

1 **Apfel**, geschält, entkernt und in ca.
1 cm dicke Scheiben geschnitten

Für den Kuchen

200 g **Mehl**

¾ TL **Backpulver**

¼ TL **Natron**

2 TL **Zimtpulver**

1 TL **Salz**

¼ TL **Muskatnuss**, gerieben

115 g zimmerwarme **Butter**

225 g **Zucker**

100 g **heller brauner Zucker**

2 **Eier** (Größe L)

1 TL **Vanilleextrakt**

120 ml **Milch**

60 ml **Cider** (Apfelschaumwein)

Fleur de Sel zum Garnieren

Vanilleeiscreme zum Servieren

Nichts gegen den klassischen gestürzten Ananaskuchen, aber ab jetzt übernehmen wir, danke. Unseren fluffigen, nach Gewürzen duftenden Ciderkuchen bedecken Salzkaramell, Pekannüsse und Apfelscheiben. Am besten servierst du ihn warm mit einer großzügigen Kugel Eis dazu. Wer denkt da schon noch an Ananas?

1   Den Ofenrost auf der mittleren Schiene in den Backofen schieben und den Backofen auf 175 °C vorheizen. Aus Backpapier einen Kreis in der Größe der Springform ausschneiden und die Springform leicht mit Kochspray einfetten. Den Backpapierkreis in die Form legen und ebenfalls einfetten. Die Form auf ein tiefes Backblech stellen.

2   Für das Karamell braunen Zucker, Butter, Vanilleextrakt sowie Zimt in einen Topf geben und erhitzen. Die Mischung unter häufigem Rühren 3 bis 4 Minuten köcheln lassen, bis sich Blasen bilden. Das Karamell in die Form gießen. Mit Pekannüssen bestreuen und ringförmig mit den Apfelscheiben belegen. Diese dabei sanft ins Karamell drücken.

3   Für den Kuchen Mehl, Backpulver, Natron, Zimt, Salz und Muskatnuss in einer großen Schüssel verrühren. In einer mittelgroßen Schüssel Butter und Zucker sowie braunen Zucker mit dem elektrischen Handrührgerät auf mittlerer Stufe in 2 bis 3 Minuten schaumig rühren. Eier und Vanilleextrakt hinzufügen und in 1 Minute auf mittlerer Stufe unterrühren. Milch und Cider angießen und in 1 weiterer Minute ebenfalls mit dem Teig verrühren.

4   Die Hälfte der Mehlmischung in die Buttermischung rühren. Die restliche Mehlmischung dazugeben und mit dem Spatel unterheben, bis ein homogener Teig entsteht.

5   Den Teig über das Karamell in die Form gießen und diese mitsamt Backblech in den Ofen schieben. Den Kuchen 60 bis 65 Minuten im Ofen backen, bis an einem in der Mitte hineingesteckten Zahnstocher oder Holzstäbchen kein Teig mehr hängen bleibt. Den Kuchen mit einem scharfen Messer vom Rand lösen, die Form mit einem großen Teller bedecken und den Kuchen auf den Teller stürzen. Leicht auf den Boden der Form klopfen, damit der Kuchen nicht an der Form hängen bleibt. Die Form abnehmen, das Backpapier abziehen und entsorgen. Den Kuchen mit Meersalzflocken bestreuen und 20 Minuten abkühlen lassen. Dann in Stücke schneiden und mit Eiscreme servieren.

MILLIONÄRS-PIE

FÜR 8–10 STÜCKE

Antihaft-Kochspray

Für den Boden

200 g **Mehl**

6 EL **Zucker**

½ TL **Salz**

170 g **Butter**, zerlassen

Für das Karamell

620 g **weiche Karamellbonbons**

120 g **Sahne**

Für die Schokoladen-Ganache

255 g **Zartbitterschokolade**, gehackt

240 g **Sahne**

Meersalzflocken zum Garnieren

Das ursprünglich riegelförmige Millionaire's Shortbread besteht aus einem Keksboden sowie einer Karamellfüllung und einem Schokoladenüberzug. Wer dabei jetzt an einen gewissen Schokoriegel denkt, der immer mit zwei Stangen in der Packung daherkommt, ist auf der richtigen Spur. In Pie-Form sprengt die Reichhaltigkeit – daher das »Millionär« im Namen – des Gebäcks noch mal jeden Maßstab. Mürbeteigboden und -rand beherbergen einen wahren Teich an weichem Karamell, der von einer Schokoladen-Ganache und Salz bedeckt wird. Das ultimative Dessert, das auf den Tisch kommen sollte, wenn man sich mal wirklich reich fühlen möchte.

1   Den Ofenrost auf der mittleren Schiene in den Backofen schieben und den Backofen auf 175 °C vorheizen. Eine Pie-Form (ca. 23 cm Ø) leicht mit Kochspray einfetten.

2   Für den Boden Mehl, Zucker und Salz in einer mittelgroßen Schüssel verrühren. Die zerlassene Butter dazugeben und alles mit sauberen Händen zu einem sandigen Teig verarbeiten. Mit dem Teig Boden und Rand der Pie-Form in einer gleichmäßigen Schicht auskleiden und diese mehrmals mit einer Gabel einstechen. Den Mürbeteigboden etwa 30 Minuten im Ofen backen, bis er überall leicht goldbraun ist. Anschließend rund 30 Minuten in der Form auf einem Kuchengitter abkühlen lassen.

3   Für das Karamell Bonbons sowie Sahne in einen mittelgroßen Topf geben und bei niedriger Temperatur erhitzen. Unter gelegentlichem Rühren rund 5 Minuten köcheln lassen, bis die Bonbons vollständig geschmolzen sind. Das Karamell auf den Mürbeteigboden gießen, alles locker mit Klarsichtfolie bedecken und rund 30 Minuten kühl stellen.

4   In der Zwischenzeit für die Schokoladen-Ganache die gehackte Schokolade in eine kleine Schüssel geben. Die Sahne in einem kleinen Topf bei mittlerer Temperatur erhitzen, bis sie fast kocht. Über die Schokolade gießen und 10 Minuten ziehen lassen. Anschließend Schokolade und Sahne zu einer homogenen, leicht schaumigen Masse verrühren. Diese über das Karamell in der Pie-Form gießen und den Kuchen mit Meersalzflocken bestreuen. Locker mit Klarsichtfolie bedecken und für mindestens 30 Minuten oder bis zu 24 Stunden kühl stellen, bis die Ganache fest geworden ist.

ROCKY ROAD CANDIES

Antihaft-Kochspray

340 g **Zartbitter-Schokoladen-Chips**

2 EL **Butter**

400 g **gezuckerte Kondensmilch**

375 g **Erdnüsse**, geröstet

280 g **Mini-Marshmallows**

Diese süßen Teile, die nicht gebacken werden müssen und in unter fünf Minuten zusammengemixt sind, sind der Inbegriff von Nicht-aufhören-Können. Dein Gehirn sagt Stopp, doch deine Hand wandert immer wieder zum Teller mit den Candies. Warum aber dagegen ankämpfen, wenn etwas so lecker ist?

1　Eine Backform (ca. 23 x 33 cm) leicht mit Kochspray einfetten. Die Form längs mit einem Stück Backpapier auskleiden, dabei an jedem Ende 5 Zentimeter Backpapier überstehen lassen. Anschließend die Form auch quer mit Backpapier auskleiden und wiederum 5 Zentimeter Papier an den Enden überstehen lassen.

2　Zartbitter-Schokoladen-Chips und Butter in eine große, mikrowellenfeste Schüssel geben und auf höchster Stufe in 30-Sekunden-Intervallen in der Mikrowelle insgesamt etwa 2 Minuten erhitzen, bis eine glatte Mischung entstanden ist. Dabei zwischendurch immer wieder mit einem Spatel umrühren. Die Kondensmilch unterrühren und mit dem Spatel Erdnüsse sowie Mini-Marshmallows unterheben.

3　Die Mischung in die vorbereitete Form füllen und zu einer gleichmäßigen, glatten Schicht drücken. Locker mit Klarsichtfolie bedecken und mindestens 30 Minuten kühl stellen.

4　Mithilfe der Backpapierüberhänge die Masse aus der Form heben. Die Masse längs in 3 lange Streifen schneiden und anschließend jeden Streifen quer in 8 Stücke schneiden.

LIFE SKILL

Beim *Unterheben* werden die Zutaten supersanft mit einem Spatel in die Grundmasse eingearbeitet. Dabei den Spatel immer wieder locker über Boden und Rand der Schüssel führen und die Masse über sich selbst »falten«. Dreht man dabei noch die Schüssel, sorgt das für ein noch gleichmäßigeres Einarbeiten.

WENN
GÄSTE KOMMEN

FANCY KÄSEPLATTE

Die Käseplatte wird wohl nie aus der Mode kommen. Besteht sie allerdings aus lieblos auf einen Teller geworfenem Was-weiß-denn-ich mit ein paar welken Petersilienstängeln und schon lange nicht mehr knusprigen Crackern, ist es an der Zeit, dass auch sie den Kinderschuhen entwächst.

Bei unserer Fancy Käseplatte sollte man immer folgenden kleinen Vers im Kopf haben: »Ein bisschen alt, ein bisschen neu, ein bisschen müffelnd, ein bisschen bläu ... äh ... blau«. Na gut: Die Krone der Dichtkunst ist das nicht, aber worum es geht, wird trotzdem klar: Vielfalt und Abwechslung – und zwar sowohl hinsichtlich der Konsistenz (weich, fest, hart) als auch hinsichtlich der Herkunft der Milch (Kuh, Schaf, Ziege). Gereifter Gouda, Manchego oder Parmesan (alt) bildet den perfekten Kontrapunkt zu weichem Ricotta, Brie oder Chèvre (neu). Taleggio und Camembert (Abteilung Stinkekäse) schmecken besser, als sie riechen, und Gorgonzola sowie Roquefort (blau) runden die Platte geschmacklich und optisch ab.

Und dafür musst du noch nicht einmal eine Bank überfallen, denn knapp 60 Gramm Käse (insgesamt) pro Person reichen völlig aus.

Was die Beilagen angeht, so ist hier weniger mehr: entweder Baguette oder Cracker, nicht beides. Entscheide dich auch für eine Nusssorte; geröstete Walnüsse schmecken toll und sind nicht teuer, wer sich mehr leisten kann, serviert gesalzene Marcona-Mandeln dazu. Für eine herzhafte Note sorgen beispielsweise einige Scheiben Salami, etwas Säuerliches trägt körniger Senf oder eine kleine Menge Cornichons bei. Die süße Krönung bilden Früchte oder Marmelade und Honig.

Hübsch anrichten kannst du das Ganze, indem du den Käse bei 12, 3, 6 und 9 Uhr platzierst. Schneide ein wenig von jedem Käse ab und lege Messer dazu, damit sich die Gäste anschließend selbst bedienen können. Die Würzmittel wie etwa Senf kommen in die äußeren Ecken der Servierplatte, Nüsse, Salami und Früchte füllen die Seiten der Platte und die Lücken. Ist die Platte nicht groß genug, können Cracker oder Brotscheiben auf einem Extrateller gereicht werden. Insgesamt soll die Käseplatte üppig, aber nicht überladen wirken.

KLASSISCHER KRABBENCOCKTAIL

FÜR 4 PORTIONEN

Für die Krabben

ca. 500 g **Eiswürfel**

4 **Knoblauchzehen**, abgezogen und zerdrückt

4 Stängel **frische Petersilie**

1 mittelgroße **Gemüsezwiebel**, abgezogen und halbiert

1 EL **Salz**

1 **Zitrone**, halbiert

450 g küchenfertige **Krabben**

Für die Cocktailsauce

120 g **Ketchup**

1 EL **Meerrettich** aus dem Glas

1 EL **Zitronensaft**, frisch gepresst

1 TL **Worcestershiresauce**

1 TL **Chilisauce**

Klassisch und mit Klasse: Der Krabbencocktail ist das Musterbeispiel für Champagnergefühl bei Bierbudget. Wirklich investieren musst du hier nur bei den Krabben, doch auch die gibt es in guter Qualität und nicht allzu teuer inzwischen in der Tiefkühlabteilung des Supermarkts. Vergiss aber nicht, sie 12 bis 24 Stunden vor der Verwendung zum sanften Auftauen in den Kühlschrank zu legen. Dort befinden sich wahrscheinlich auch schon die restlichen Zutaten, die du für dieses Gericht brauchst. Natürlich kann man Krabbencocktails auch fertig kaufen – aber wie unerwachsen ist das denn?

1. Für die Krabben 1½ Liter Wasser und die Eiswürfel in eine große Schüssel geben. Beiseitestellen. Weitere 1½ Liter Wasser, Knoblauch, Petersilie, Zwiebel und Salz in einen großen Topf geben und bei hoher Temperatur zum Kochen bringen, dabei die Zitronenhälften über dem Topf auspressen. Den Topf vom Herd nehmen und die Krabben hineingeben. So lange im heißen Sud ziehen lassen, bis sie gerade undurchsichtig sind. Anschließend die Krabben mithilfe eines Spinnensiebs oder Schaumlöffels direkt aus dem Topf sofort ins Eisbad geben, etwa 10 Minuten darin abkühlen und dann auf Küchenpapier abtropfen lassen. Gründlich trocken tupfen und in eine Servierschüssel füllen.

2. Für die Cocktailsauce Ketchup, Meerrettich, Zitronensaft, Worcestershiresauce und Chilisauce in einer kleinen Schüssel verrühren. In eine Servierschüssel umfüllen und zu den Krabben servieren.

BUFFALO CHICKEN DIP

FÜR 4 PORTIONEN

Für den Dip

30 g **Karotten**, gewürfelt

30 g **Stangensellerie**, gewürfelt

225 g zimmerwarmer **Frischkäse** (Doppelrahmstufe)

30 g **Blauschimmelkäse**, zerkrümelt

2 EL **Chilisauce**

1 EL selbst gemachte **Hühnerbrühe** (Rezept siehe S. 46) oder gekaufter **Hühnerfond**

1 TL **Zwiebelpulver**

1 TL **Knoblauchpulver**

Für das Huhn

2 EL **Paniermehl**

2 EL **Parmesan**, gerieben

2 EL **Mehl**

2 EL **Speisestärke**

½ TL + 1 Prise **Salz**

½ TL **schwarzer Pfeffer**, frisch gemahlen

1 **Ei** (Größe L)

120 ml **Olivenöl**

225 g **Hähnchenbrust** ohne Knochen und ohne Haut, in ca. 1 cm große Würfel geschnitten

Cracker oder **Baguette**, in dünne Scheiben geschnitten und geröstet, zum Servieren

Cremig, knusprig, herb, scharf – und dabei ist das frittierte Hähnchen obendrauf noch nicht mal berücksichtigt! Dieser Dip bietet all die Vorzüge eines Tellers Chicken Wings, ohne dass man für ihn einen Stapel Servietten bräuchte, um sich hinterher den fettigen Mund abzuwischen. Gemüse, Blauschimmelkäse, Chilisauce und Huhn in einem einzigen, perfekten Bissen – das ist wie Fußball am Samstagabend, nur viel leckerer.

1   Für den Dip je 1 Esslöffel Karotten- und Selleriewürfel beiseitestellen. Restliche Karotten- und Selleriewürfel mit Frischkäse, Blauschimmelkäse, Chilisauce, Hühnerbrühe oder Hühnerfond, Zwiebelpulver sowie Knoblauchpulver in einer mittelgroßen Schüssel vermengen.

2   Für das Huhn Paniermehl, Parmesan, Mehl, Speisestärke, ½ Teelöffel Salz und Pfeffer in einer mittelgroßen Schüssel verrühren. In einer kleinen Schüssel das Ei mit 1 Prise Salz verquirlen.

3   Das Olivenöl in einem großen Topf bei mittlerer bis hoher Temperatur erhitzen. Eine kleine Menge der Semmelbröselmischung hineingeben; bräunt sie umgehend, ist das Öl heiß genug. Die Fleischwürfel portionsweise zuerst im Ei wenden und abtropfen lassen und anschließend mit der Semmelbröselmischung panieren. 3 bis 4 Minuten im heißen Öl frittieren, bis die Panade dunkelbraun und knusprig ist. Auf einem mit Küchenpapier belegten Teller abtropfen lassen.

4   ¼ der frittierten Hähnchenwürfel beiseitestellen. Die restlichen Hähnchenwürfel unter den Dip heben. Den Dip in eine Servierschüssel füllen und mit den beiseitegestellten Karotten-, Sellerie- und Hähnchenwürfeln garnieren. Sofort mit Crackern oder Baguette und einem Löffel servieren.

GUACAMOLE GLOW UP

FÜR JEWEILS 4 PORTIONEN

DER KLASSIKER

¼ mittelgroße **Gemüsezwiebel**, abgezogen und fein gehackt

1 **Jalapeño-Chilischote**, entkernt und fein gehackt

1 **Knoblauchzehe**, abgezogen und fein gehackt

4 g **frischer Koriander**, fein gehackt

1 TL **Salz**

4 große, reife **Avocados**, vorzugsweise die Sorte Hass

Saft von 1 **Limette**

Um eine tolle Guacamole auf den Tisch zu zaubern, musst du nur drei Dinge berücksichtigen. Erstens: Vergiss die Tomaten. Sie machen den Dip wässrig und tragen geschmacklich rein gar nichts bei. Zweitens: Hack die aromatisierenden Zutaten so fein wie möglich. Hilfreich dabei sind Mörser und Stößel oder eine Küchenmaschine, doch mit gutem, altem Muskelschmalz geht's auch. Und drittens: Achte auf das richtige Verhältnis von Avocadopüree zu Avocadostückchen. Der Dip sollte im Großen und Ganzen glatt sein und nur wenige Stücke enthalten. Der Klassiker spricht natürlich für sich, doch auch die Varianten mit Mais und Mango können sich sehen … pardon: schmecken lassen.

1   Zwiebel, Chili, Knoblauch, Koriander und Salz in eine mittelgroße Schüssel geben und mit einem Holzlöffel oder einem Stößel verrühren. Die Zutaten sollten zerdrückt werden, damit sich die Aromen entfalten können.

2   Die Avocados halbieren und entsteinen. Das Fruchtfleisch mit einem Löffel herausheben und in die Schüssel zu den zerdrückten Zutaten geben. Mit dem Holzlöffel verrühren: Es sollte ein glatter Dip mit wenigen größeren Stücken entstehen. Den Limettensaft unterrühren und die Guacamole mit Salz sowie bei Bedarf mit mehr Limettensaft abschmecken.

MIT MAIS

1 EL **Olivenöl**

80 g **TK-Maiskörner**, aufgetaut

60 g **Parmesan**, zerkrümelt (Alternative: Feta)

klassische **Guacamole** *(Rezept siehe oben)*

1 TL **Chilipulver**

1   Das Olivenöl in einer mittelgroßen Pfanne bei mittlerer bis hoher Temperatur erhitzen und die Maiskörner unter gelegentlichem Rühren etwa 10 Minuten darin braten, bis sie leicht gebräunt und weich sind.

2   2 Esslöffel Maiskörner und 2 Esslöffel Parmesan beiseitestellen. Die restlichen Maiskörner und den restlichen Käse unter die klassische Guacamole rühren. Mit den beiseitegestellten Maiskörnern und dem beiseitegestellten Käse garnieren und mit Chilipulver bestäubt servieren.

TROPISCHE VARIANTE

70 g **Granatapfelkerne**

80 g **Mango**, gewürfelt

klassische **Guacamole** *(Rezept siehe oben)*

1   2 Esslöffel Granatapfelkerne beiseitestellen. Die restlichen Granatapfelkerne sowie die Mangowürfel unter die klassische Guacamole rühren.

2   Die beiseitegestellten Granatapfelkerne über die Guacamole streuen und servieren.

PIZZA AUS 3-ZUTATEN-TEIG

FÜR 1 PIZZA (30 CM Ø)

Für den Teig

170 g **Mehl** + etwas mehr für die Arbeitsfläche

6 g **Backpulver**

280 g **griechischer Joghurt**

Drei Teigzutaten und keine Gehzeit – da kommt womöglich die Frage auf, ob man eigentlich als Erwachsener dreimal am Tag Pizza essen darf. Die Antwort lautet … nicht nein. Gegenfrage: Kann man als Erwachsener jedes Mal eine andere frische Pizza aus dem Ofen holen, wenn Gäste kommen? Mit unseren fünf himmlischen Möglichkeiten des Belegens lässt sich diese Frage definitiv mit Ja beantworten!

1   Den Ofenrost auf der mittleren Schiene in den Backofen schieben und den Backofen auf 200 °C vorheizen. Ein tiefes Backblech mit Backpapier auskleiden.

2   In einer großen Schüssel Mehl, Backpulver und Joghurt mit einem Holzlöffel verrühren (**A**), bis sich ein homogener Teig gebildet hat (**B**). Ist der Teig noch zu klebrig, esslöffelweise Mehl dazugeben. Den Teig auf die bemehlte Arbeitsfläche geben und in etwa 1 Minute zu einer glatten Kugel kneten (**C**). Mit dem Nudelholz zu einem etwa ½ Zentimeter dicken Kreis (30 cm Ø) ausrollen (**D**). Klebt der Teig, noch mit etwas Mehl bestäuben. Den Teigkreis vorsichtig auf das vorbereitete Backblech legen.

3   Den gewünschten Belag auswählen und wie unten beschrieben fortfahren.

PIZZA MIT SALAT

60 ml **Olivenöl**

2 **Knoblauchzehen**, abgezogen und zerdrückt

5 dünne Scheiben **Prosciutto crudo** (italienischer roher Schinken)

20 g **Rucola**

¼ mittelgroße **rote Zwiebel**, abgezogen und in feine Scheiben geschnitten

½ **Zitrone**

55 g **Parmesan**

1   Olivenöl und Knoblauch in einem kleinen Topf bei niedriger Temperatur rund 10 Minuten erhitzen, bis der Knoblauch zu brutzeln beginnt, aber noch nicht bräunt. Den Topf vom Herd nehmen und den Knoblauch entsorgen. 1 Esslöffel Knoblauchöl abnehmen und beiseitestellen.

2   Den vorbereiteten Pizzateigkreis mit dem in der Pfanne verbliebenen Knoblauchöl bepinseln und mit dem Schinken belegen. Die Pizza etwa 15 Minuten im Ofen backen, bis der Teig zu bräunen beginnt und der Schinken knusprig ist.

3   Rucola und Zwiebelscheiben in eine mittelgroße Schüssel geben und die Zitrone darüber auspressen. Vermengen und auf der Pizza verteilen. Mit einem Sparschäler Späne vom Parmesan abhobeln und ebenfalls auf der Pizza verteilen. Mit dem beiseitegestellten Knoblauchöl beträufeln.

4   Die Pizza in 8 Stücke schneiden und sofort servieren.

PIZZA MIT RICOTTA & ZITRONE

2 EL **Olivenöl**

3 **Knoblauchzehen**, abgezogen und in feine Scheiben geschnitten

6 EL **Ricotta**

½ **Bio-Zitrone**, in dünne Scheiben geschnitten

50 g **Parmesan**, gerieben

abgeriebene Schale von
½ **Bio-Zitrone**

½ TL **Chiliflocken**

schwarzer Pfeffer, frisch gemahlen

1 Den vorbereiteten Pizzateigkreis mit dem Öl bepinseln und mit Knoblauchscheiben belegen. Den Ricotta esslöffelweise auf den Teig geben und die Zitronenscheiben auf der Pizza verteilen. Die Pizza etwa 20 Minuten im Ofen backen, bis Teig, Ricotta und Zitronenscheiben zu bräunen beginnen.

2 Die Pizza mit Parmesan, Zitronenschale und Chiliflocken bestreuen und großzügig mit schwarzem Pfeffer würzen.

3 Die Pizza in 8 Stücke schneiden und sofort servieren.

PIZZA MIT PEPERONISALAMI

115 g **Pizza-Fertigsauce**

225 g **Mozzarella**, gestückelt

¼ mittelgroße **grüne Paprikaschote**, entkernt und in Streifen geschnitten

¼ mittelgroße **rote Zwiebel**, abgezogen und in Scheiben geschnitten

12–16 Scheiben **Peperonisalami**

1 Pizzasauce, Mozzarella, Paprikastreifen, Zwiebelscheiben und Salami auf dem vorbereiteten Pizzateigkreis verteilen. Die Pizza etwa 20 Minuten im Ofen backen, bis der Teig zu bräunen beginnt und die Salami knusprig ist.

2 Die Pizza in 8 Stücke schneiden und sofort servieren.

PIZZA MIT MOZZARELLA

115 g **Pizza-Fertigsauce**

225 g **Mozzarella**, gestückelt

½ TL **getrockneter Oregano**

½ TL **Knoblauchpulver**

½ TL **Parmesan**, gerieben

½ TL **Chiliflocken**

1 Pizzasauce und Mozzarella auf dem vorbereiteten Pizzateigkreis verteilen. Die Pizza etwa 20 Minuten im Ofen backen, bis der Teig zu bräunen beginnt und der Käse geschmolzen ist. Oregano, Knoblauchpulver, Parmesan und Chiliflocken in einer kleinen Schüssel verrühren und die Pizza damit bestreuen.

2 Die Pizza in 8 Stücke schneiden und sofort servieren.

PIZZA MIT FENCHEL & SALSICCIA

1 EL **Olivenöl**

2 **Salsicce** (italienische scharfe Wurst) ohne Pelle

115 g **Pizza-Fertigsauce**

225 g **Mozzarella**, gestückelt

¼ **Fenchelknolle**, in dünne Scheiben geschnitten

1 EL **Fenchelgrün**

1 Das Öl in einer mittelgroßen Pfanne bei mittlerer Temperatur erhitzen. Die Salsicce hineingeben und unter gelegentlichem Rühren etwa 10 Minuten braten, dabei mit einem Holzlöffel zerkleinern.

2 Die Pizzasauce auf dem vorbereiteten Pizzateigkreis verteilen. Mit geriebenem Mozzarella bestreuen und mit Fenchelscheiben belegen. Die Salsicce mitsamt Bratöl darauf verteilen. Die Pizza etwa 20 Minuten im Ofen backen, bis der Teig zu bräunen beginnt und der Käse vollständig geschmolzen ist. Mit dem Fenchelgrün garnieren.

3 Die Pizza in 8 Stücke schneiden und sofort servieren.

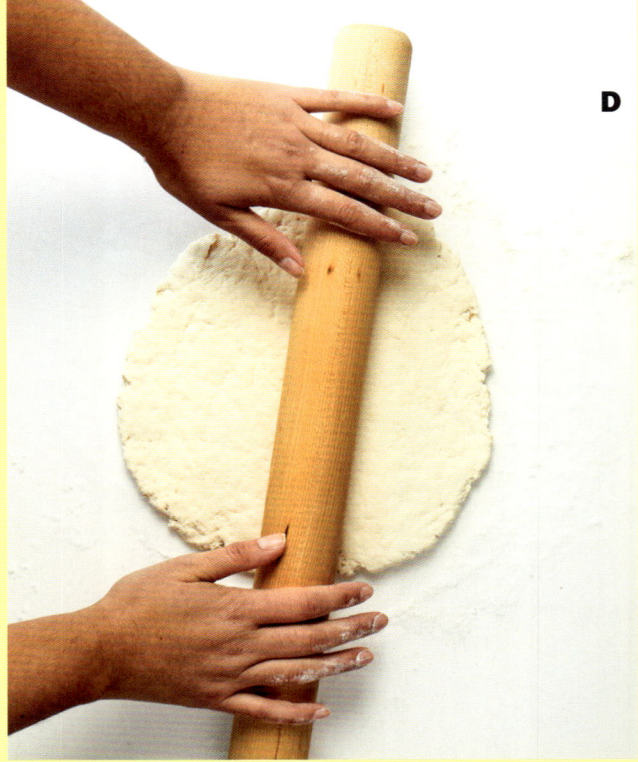

NACHOS AL PASTOR VOM BLECH

FÜR 4–6 PORTIONEN

1 EL **Olivenöl**

450 g **Schweinekotelett**
ohne Knochen

Salz

schwarzer Pfeffer, frisch gemahlen

8 Scheiben **Scheibletten-Käse**

115 g **grüne Chilischoten**,
in feine Ringe geschnitten

60 ml **Milch**

200 g **Chipotle-Chilischoten in Adobo-Sauce** aus der Dose

225 g **Ananasstücke** aus der Dose

1 **Knoblauchzehe**, abgezogen und zerdrückt

½ EL **getrockneter Oregano**

1 TL **Kreuzkümmel**, gemahlen

340 g **Tortillachips**

440 g **Pintobohnen** aus der Dose,
abgegossen und abgespült

4 **Radieschen**, in feine Scheiben geschnitten

2 **Frühlingszwiebeln**, in feine Ringe geschnitten

8 g **frischer Koriander**, grob gehackt

Traditionellerweise wird bei der mexikanischen Zubereitungsart *al pastor* Schweinefleisch stundenlang am Spieß gegrillt und dann je nach Bestellung in Stücke geschnitten. Bei unserem raschen scharfen Anbraten und einem ebenso raschen Köchelnlassen in einer scharf-süßen Sauce wird niemand auch nur ahnen, dass du eine geniale Abkürzung genommen hast. Das *al pastor* dieser Nachos wird auf warmen Tortillachips verteilt, mit zartschmelzender Käsesauce bedeckt und mit knackigen Toppings garniert. Der kluge Gastgeber bereitet Fleisch und Käsesauce im Vorhinein zu und wärmt beides auf, während Chips und Bohnen im Ofen backen.

1   Den Ofenrost auf der mittleren Schiene in den Backofen schieben und den Backofen auf 200 °C vorheizen.

2   Das Öl in einer Grill- oder anderen mittelgroßen Pfanne bei mittlerer bis hoher Temperatur erhitzen. Das Schweinekotelett auf beiden Seiten großzügig mit Salz sowie Pfeffer würzen. Auf beiden Seiten jeweils 7 Minuten scharf anbraten. Auf ein Schneidbrett legen und 10 Minuten ruhen lassen.

3   In der Zwischenzeit Käse, grüne Chilischoten und Milch in einen kleinen Topf geben und bei mittlerer bis niedriger Temperatur erhitzen. Unter gelegentlichem Rühren etwa 5 Minuten köcheln lassen, bis der Käse vollständig geschmolzen ist und sich eine homogene Sauce gebildet hat. Bei niedrigster Temperatur warm halten.

4   Das Fleisch längs in ½ Zentimeter dicke Streifen schneiden und diese anschließend quer in 2½ bis 5 Zentimeter lange Stücke schneiden. Mit Chipotle-Chilischoten, Ananasstücken, Knoblauch, Oregano, Kreuzkümmel, Salz, Pfeffer und 120 Milliliter Wasser in einen mittelgroßen Topf geben und bei mittlerer Temperatur erhitzen. Unter gelegentlichem Rühren 10 bis 12 Minuten köcheln lassen, bis der Großteil der Flüssigkeit verdampft ist.

5   In der Zwischenzeit die Tortillachips auf einem tiefen Backblech verteilen und die Pintobohnen daraufstreuen. 10 Minuten im Ofen backen, bis die Chips leicht geröstet sind und die Bohnen Risse bekommen. Die Fleischmischung daraufgeben und alles mit der Käsesauce beträufeln. Mit Radieschenscheiben, Frühlingszwiebelringen und gehacktem Koriander garniert servieren.

RISOTTO
MIT SPINAT & ARTISCHOCKEN

FÜR 4 PORTIONEN

ca. 1 l **Gemüsebrühe**

2 EL **Olivenöl**

1 **Schalotte**, abgezogen und fein gehackt

Salz

schwarzer Pfeffer, frisch gemahlen

2 **Knoblauchzehen**, abgezogen und fein gehackt

220 g **Arborio-Reis**

2 EL **Zitronensaft**, frisch gepresst

2 EL **Weißweinessig**

400 g **Artischockenherzen** aus der Dose, abgegossen und grob gehackt

30 g **Babyspinat**

115 g **Feta**, zerkrümelt

Für einen gelungenen Risotto muss man rühren, rühren, rühren, immer wieder langsam Flüssigkeit zugeben und am Herd bleiben, bis der Reis gar ist. Warum das Gericht also in ein Kapitel aufnehmen, das »Wenn Gäste kommen« heißt? Weil es sich ganz hervorragend für den Staffellauf eignet! Staffellauf? Lass es uns anders formulieren: Warum alleine rühren, wenn man sich dabei abwechseln kann? Versammle deine Mannschaft um dich, bring das Gespräch in Gang und übergib den Löffel mit jeder weiteren Schöpfkelle Brühe, die in den Risotto muss. Wozu sind Freunde sonst da, wenn nicht fürs Arbeiten, ohne dass man sie dafür bezahlen müsste?

1   Die Gemüsebrühe in einem mittelgroßen Topf erhitzen und anschließend sanft köcheln lassen.

2   In der Zwischenzeit das Öl in einem großen Topf bei mittlerer Temperatur erhitzen und die Schalotte sowie 1 großzügige Prise Salz und Pfeffer hineingeben. Die Schalotte unter gelegentlichem Rühren ca. 5 Minuten in dem Öl andünsten, bis sie glasig ist. Knoblauch hinzufügen und etwa 2 Minuten mitdünsten, bis er zu duften beginnt.

3   Den Reis in den Topf geben und unter Rühren rund 6 Minuten anrösten, bis die Körner leicht glasig sind. Zitronensaft sowie Essig angießen und unter gelegentlichem Rühren 3 Minuten köcheln lassen, bis der Reis die Flüssigkeit aufgesogen hat. Mit 1 weiteren großzügigen Prise Salz würzen.

4   1 große Schöpfkelle Brühe über den Reis gießen. Unter ständigem Rühren etwa 2 Minuten köcheln lassen, bis der Reis auch diese Flüssigkeit aufgesogen hat. So fortfahren, bis der Reis al dente ist und der Risotto einer dicken Creme gleicht. Das dauert rund 25 Minuten. Dabei ständig rühren, damit der Reis nicht anbrennt. Ist die Brühe aufgebraucht, bevor der Reis gar ist, heißes Wasser statt Brühe nachfüllen.

5   Den Topf vom Herd nehmen und Artischocken, Spinat sowie Feta unter den Risotto rühren. So lange rühren, bis der Spinat zusammengefallen ist. Mit Salz und Pfeffer abschmecken und servieren.

FERNSEHPARTY-SANDWICH

FÜR 8 PORTIONEN

1 großes **Baguette**, ca. 35 cm lang

1 EL **Butter**, zerlassen

2 **Knoblauchzehen**, abgezogen und fein gehackt

2 EL **Parmesan**, gerieben

½ EL **Petersilie**, gehackt

¼ TL + ½ TL **Salz**

¼ TL **schwarzer Pfeffer**, frisch gemahlen

¼ mittelgroße **rote Zwiebel**, abgezogen und in dünne Scheiben geschnitten

115 g **Sweet-Pimiento-Scheiben** aus dem Glas, abgegossen

2 **Kalabrische Chilischoten** aus dem Glas, fein gehackt

2 EL **Mayonnaise**

3 EL **Olivenöl**

1 EL **Rotweinessig**

½ TL **getrockneter Oregano**

225 g **Salame genovese**, in Scheiben geschnitten

225 g **Prosciutto cotto** (italienischer gekochter Schinken), in Scheiben geschnitten

225 g **Prosciutto crudo** (italienischer roher Schinken), in Scheiben geschnitten

115 g **Mortadella**, in Scheiben geschnitten

115 g **Provolone**, in Scheiben geschnitten

1 **Romanasalatherz**, halbiert und in feine Streifen geschnitten

Ob Fußball-Weltmeisterschaft, die letzte Staffel von *Game of Thrones* oder die neueste romantische Liebeskomödie auf DVD – ein Sandwich XXL ist immer eine gute Idee, wenn es eine hungrige Meute zu füttern gilt. Mit der klassisch italienischen Füllung – dein Feinkosthändler wird sicherlich begeistert sein, wenn du ihm die Salami-Prosciutto-Mortadella-Provolone-Theke leerkaufst –, dem Salat, der Oreganovinaigrette, der Chilimayo und dem Knoblauchbrot erobert dieses Sandwich auch die Herzen (bzw. den Magen) der anspruchsvollsten Gäste!

1 Den Ofenrost auf der mittleren Schiene in den Backofen schieben und den Backofen auf 230 °C vorheizen. Ein tiefes Backblech mit Backpapier auskleiden.

2 Das Baguette längs halbieren. Die Hälften mit der Schnittfläche nach unten auf das Backblech legen und mit der Butter bepinseln. Knoblauch, Parmesan, Petersilie, ¼ Teelöffel Salz und Pfeffer in einer kleinen Schüssel vermengen. Die Knoblauchmischung auf die obere Hälfte des Baguettes drücken und beide Hälften etwa 5 Minuten im Ofen rösten, bis der Knoblauch zu duften beginnt.

3 In der Zwischenzeit die Zwiebel in eine mittelgroße Schüssel geben, mit kaltem Wasser bedecken und rund 10 Minuten darin einweichen. In einer kleinen Schüssel Pimientos, Kalabrische Chilischoten sowie Mayonnaise verrühren. In einer weiteren kleinen Schüssel Öl, Essig, Oregano sowie das restliche Salz verrühren.

4 Das Brot aus dem Ofen nehmen und die untere Hälfte auf ein Schneidbrett legen. Die Schnittfläche mit der Chilimayonnaise bestreichen. Mit Salami, Schinken, Mortadella und Provolone überlappend belegen. Die Zwiebel abgießen und auf dem Käse verteilen. Die Romanasalatstreifen daraufgeben und leicht andrücken. Die Ölmischung erneut verrühren und die Baguettefüllung damit beträufeln. Mit der oberen Baguettehälfte abschließen; diese ebenfalls leicht andrücken, damit der Romanasalat nicht herausfällt und sich die Oreganovinaigrette verteilt. Das Sandwich mit einem scharfen Sägemesser in 8 Stücke schneiden und servieren.

REGISTER

DANKSAGUNG

Originalrezeptentwickler

Casey Elsass

Beitragende

Betsy Carter
Joey Firoben
Rachel Gaewski
Crystal Hatch
Jordan Kenna
Gwenaelle Le Cochennec
Evelyn Liu
Rie McClenny
Nathan Ng
Claire Nolan
Merle O'Neal
Tayo Ola
Alexander Roberts
Teddy Villa

Wir danken allen bei Tasty

Emily DePaula
Talia Halperin
Angela Krasnick
Jailyn Paulino
Parker Ortolani
Ines Pacheco
Eric Karp
Bill Guy
Und dem ganzen Tasty- &
BuzzFeed-Team

Wir danken allen bei Clarkson Potter

Amanda Englander
Lily Ertischek
Stephanie Huntwork
Jen Wang
Derek Gullino
Kim Tyner
Mark McCauslin
Merri Ann Morrell
Kate Tyler
David Hawk
Windy Dorresteyn
Stephanie Davis
Andrea Portanova
Aaron Wehner
Doris Cooper
Jill Flaxman

Foodstyling & Foodfotografie

Lauren Volo
Monica Pierini
Maeve Sheridan
Christina Zhang
Krystal Rack
Andie McMahon

1. Auflage
© der deutschsprachigen Ausgabe 2022 by Südwest
Verlag, einem Unternehmen
der Penguin Random House Verlagsgruppe GmbH,
Neumarkter Straße 28, 81673 München

Die Originalausgabe erschien 2020 unter dem Titel
»Tasty adulting: all your faves, all grown up.« bei Clarkson
Potter, New York. Tasty und Einfach Tasty sind Marken
von BuzzFeed, Inc.

Hinweise

Projektleitung: Vanessa Silbermann
Übersetzung: Dr. Ulrike Kretschmer
Satz & Redaktion: Matthias Liesendahl
Umschlaggestaltung für die deutschsprachige Ausgabe:
OH, JA! (www.oh-ja.com)
unter Verwendung von Fotos von Lauren Volo.

Druck und Bindung: Alföldi Nyomda Zrt., Debrecen
Printed in Hungary

Penguin Random House Verlagsgruppe FSC® N001967

ISBN 978-3-517-10031-9
www.suedwest-verlag.de

TASTY™

Töpfe & Pfannen

Küchen-helfer

Gadgets

TASTY

THE INTERNET'S
FAVORITE KITCHEN